Eugen Drewermann

Taten der Liebe

HERDER spektrum

Band 5136

Das Buch

Der Kern der Bibel durch einen bekannten Autor für heute übersetzt: Die wirklichen Wunder ereignen sich selten spektakulär. Sie antworten auf die Tragödien des Alltags, sie heilen die Wunden in unserm so unauffälligen Leben. Die schönsten Wunder sind die kleinen Geschichten unserer Freiheit, die erkämpft wird wie ein Tod und die gelebt wird wie eine Auferstehung unter den Händen Gottes, der will, daß wir wir selber sind. – Unter dieser Perspektive erschließt der bekannte Theologe und Psychotherapeut Drewermann nicht das äußere, sondern das innere Geschehen jener Geschichten, von denen die Evangelien erzählen. Es sind Kräfte der Wandlung zum Heilsein. Den Rahmen des Sichtbaren sprengend vollzieht sich im biblischen Wunder das Wachsen eines unverbrüchlichen Vertrauens in Menschen und zwischen Menschen, eines Vertrauens in den Sinn und Wert des Lebens. Im Blick auf die Gestalt und das Wirken Jesu erscheint nicht nur das Wunderbare einer vergangenen Epoche, „als es noch Wunder gab". Seine Kraft der Verwandlung ist gegenwärtig in der Erinnerung an ihn und als Utopie einer Welt, in der Menschen einander heilend, tröstend und helfend begegnen.

Der Autor

Eugen Drewermann, Theologe und Psychotherapeut, Publizist, lebt in Paderborn. Bei Herder Spektrum u. a.: Zeiten der Liebe (5012); Das Eigentliche ist unsichtbar (4894); Der gefahrvolle Weg der Erlösung (4165); Dein Name ist wie der Geschmack des Lebens (4113); Die Spirale der Angst (4003); Wozu Religion? Sinnfindung in Zeiten der Gier nach Macht und Geld.

Eugen Drewermann

Taten der Liebe

Meditationen über die Wunder Jesu

Herausgegeben von Bernd Marz

HERDER

FREIBURG · BASEL · WIEN

Gedruckt auf umweltfreundlichem,
chlorfrei gebleichtem Papier

5. Auflage

Verlag Herder Freiburg im Breisgau 1995
www.herder.de
Lizenzausgabe mit freundlicher Genehmigung des
Patmos Verlag Düsseldorf (Titel der Originalausgabe: Und legte
ihnen die Hände auf. Predigten über die Wunder Jesu)
Herstellung: fgb · freiburger graphische betriebe 2002
www.fgb.de
Umschlaggestaltung und Konzeption:
R · M · E München / Roland Eschlbeck, Liana Tuchel
Umschlagbild: R. Anning Bell (1863–1933), Ausschnitt
ISBN: 3-451-05136-2

Inhalt

Zum Geleit

Die Hoffnung auf ein „Wunder“ liegt in als „aussichtslos“ erfahrenen Krisen und Grenzsituationen im Wesenskern des Menschen – unabhängig von seiner weltanschaulichen oder religiösen Einstellung und Bindung. In jedem Menschen gibt es – und wenn auch nur kurz im Leben aufleuchtend – jene „Verwunderung“ über die eigene Existenz. Der „heidnische“ Sokrates (griechischer Philosoph, † 399 v. Chr.) konnte das thaumazein, das Staunen und sich Wundernkönnen, deshalb zu einem zentralen Ausgangspunkt seines Denkens machen, weil er zugleich bereit war, einzugestehen: „Ich weiß, daß ich nichts weiß.“ Rund 2300 Jahre später beklagte der konvertierte Katholik und literarische Vater des legendären Detektiv-Paters Brown, Gilbert Keith Chesterton: „An Wundern ist niemals Mangel in dieser Welt, sondern nur am Sichwundernkönnen.“

Im Neuen Testament ist viel von Wundern die Rede. Doch schaut man genauer hin, so handelt es sich eigentlich „nur“ um Wunderzeugnisse oder Wunderberichte. Sie sind im Zusammenhang der Krankenheilungen Jesu besonders häufig mit der Geste der Handauflegung verbunden (Mk 6,5; 8,23.25; Lk 4,40; 13,13). Die Handauflegung erscheint in den Berichten wie ein Privileg, das einzig dem Menschensohn vorbehalten ist, um seine göttliche Vollmacht sinnfällig unter Beweis zu stellen. „Jesus“, „Handauflegung“ und „Wunder“ bilden eine solch geschlossene Einheit in einem abgeschlossenen Reservat vergangener biblischer Zeiten, zu dem uns der Zutritt verwehrt scheint. Auch die spätere Kirche hat in ihrer Lehre und Verkündigung eigentlich nie die Verheißung des Auferstandenen an seine Jünger „wörtlich“ genommen: „Kranken werden sie die Hände auflegen, und die werden gut dran sein“ (Mk 16, 18). Woher rührt dieses Auseinanderklaffen zwischen Auftrag und Ausführung, zwischen biblischer Weisung und tatsächlichem Handeln?

Die Kirchengeschichte und auch jüngste amtliche Verlautbarungen zur Aufgabe der Mission haben gezeigt, wie sehr aber der „Missionierungsbefehl“ – „Geht in alle Welt und kündet die Heilsbotschaft allem Geschöpf“ – ernstgenommen wurde: zu ernst, bitterernst, todernst. Bemerkenswerterweise steht dieser Auftrag Jesu, die Heilsbotschaft aller Welt und Kreatur zu verkünden, im selben Abschnitt (Mk 16,15) wie seine Zusage, all jene, die an ihn glauben, würden Kranke durch Handauflegung heilen können.

Ist vor diesem Hintergrund die Frage abwegig, ob die kirchliche Tradition aus der ursprünglichen Vollmacht und Bevollmächtigung Jesu, Wunder zu wirken, für sich selbst nur das Verständnis der äußeren „Macht“ abgeleitet und übernommen hat? Macht, zu missionieren; Macht, zu binden und zu lösen, im Himmel und auf Erden; Macht, „durch Handauflegung“ Ämter zu übertragen und im Sakrament der Firmung gar den Heiligen Geist noch dazu. Selbst Häretiker werden durch Handauflegung der Kirche wieder einverleibt (Pontificale romanum V).

Wäre es nicht denkbar, daß kirchliche Lehre und Verkündigung diese Diskrepanz zwischen Jesu Wort und eigenem Handeln geschaffen haben, weil bereits ihre frühe Auslegung der Wundererzählungen des Neuen Testaments zu sehr am Äußeren orientiert war und heute noch ist? Noch zu Beginn dieses Jahrhunderts verlangte Papst Pius X. in seiner „Eidesformel gegen den Modernismus“ (1910) die Anerkennung der Wunder als „die äußeren Beweismittel der Offenbarung.“ Und Papst Johannes Paul II. führte während einer Audienz für die Teilnehmer des 25. Weltkongresses für Augenheilkunde am 5. Mai 1986 aus: „Während also die Kirche das Werk Christi fortsetzt, um auf Grund ihrer Heilssendung allen in der ganzen Welt, die es empfangen wollen, das Licht des Glaubens zu vermitteln, kann man sagen, daß es den Ärzten vorbehalten ist, das Tun Christi dadurch weiterzuführen, daß sie die Augen schützen und ihnen das Licht zurückgeben.“

Die Vorstellung und Gleichsetzung der Wunder als einem unbedingt notwendigen „Durchbrechen von Naturgesetzen“ prägt noch immer den kirchlichen Verstehenshintergrund. So wird verständlich, daß eine Krankenheilung im Marienwallfahrtsort Lourdes zum Beispiel, kirchenamtlich erst dann als Wunder anerkannt wird, wenn eine Ärztekommission keine medizinische Erklärung weiß.

In seinen Meditiationen über die Wunder Jesu zeigt hingegen Eugen Drewermann, daß wir Menschen dazu aufgerufen sind, die äußere Aussage und den inneren Gehalt dieser Texte für unsere eigene Existenz im umfassenden Sinn „wahrzunehmen" und für andere wahrzumachen. Dies setzt voraus, den Menschen als eine Einheit zu sehen, nicht aufgespalten in Anteile des Verstandes, des Geistes, des Gefühls, des Leibes. Im Wunder vollzieht sich für Drewermann das Wachsen eines unverbrüchlichen Vertrauens zu den Menschen und zu Gott als Voraussetzung zum Gesundsein und zum Heilwerden an Leib und Seele. Er plädiert für ein Vertrauen in den Sinn und den Wert des Lebens auf dieser Erde, das zugleich Grundlage der Hoffnung ist auf die jenseitige Welt: „Das wahre Wunder unseres Lebens ist das einer Begegnung, die trägt, über die Zeit hinweg ins Unendliche ... In alle Ewigkeit werden wir leben dürfen. Und die Welt hört auf zu sein wie ein Mund, der verschlingt. Sie ist eine Brücke, über die wir gehen, gemeinsam zu Gott" (62).

Drewermann ist davon überzeugt, daß ein Gott, der Wunder nur wirkt, um seine Macht zu demonstrieren, nicht der Vater Jesu Christi ist: „Der Gott, den Jesus uns vermitteln wollte, kümmert sich nicht um den Beweis seiner Majestät vor den Menschen, die im Staube liegen; er läßt sich betreffen von ihrer Not" – und legt ihnen die Hände auf als Zeichen seiner Liebe. Denn die Liebe allein ist mächtig genug, wahre Wunder zu wirken: „Die wirklichen Wunder ereignen sich selten spektakulär. Sie antworten auf Tragödien des Alltags, sie heilen die Wunden in unserem so unauffälligen Leben. Die schönsten Wunder sind die kleinen Geschichten unserer Freiheit, die erkämpft wird wie ein Tod und die gelebt wird wie eine Auferstehung unter den Händen Gottes, der will, daß wir wir selber sind."

Bernd Marz

Vom Wunder des Glaubens

Die Philosophen des Altertums pflegten zu sagen: »Mit dem Erstaunen fängt die Weisheit an.« Und diese Philosophen hatten recht. Galilei wunderte sich, warum ein Apfel vom Baum senkrecht zur Erde fällt, und er entdeckte, daß es die gleichen Kräfte sind, durch die der Apfel zu Boden fällt und durch die die Planeten zu ihrer Bahn um die Sonne gezwungen und die Sonnen um das Zentrum ihrer Galaxis geführt werden. James Watt wunderte sich, wieso ein Deckel auf einem überhitzten Topf mit Wasser tanzt, und er erfand die Dampfmaschine. Tausende von Generationen haben vor Galilei Äpfel vom Baum fallen sehen; aber niemand wunderte sich so wie Galilei darüber.

Alle Erkenntnis und alle Weisheit beginnt mit dem Erstaunen. Die Fähigkeit, sich zu verwundern, ist die Grundfähigkeit aller Forscher, Wissenschaftler und Entdecker. Es ist zugleich die Grundhaltung des Gläubigen. Nur ganz und gar stupide und abgestumpfte Geister können aufhören, sich zu verwundern, ja, es ist ein sicherer Maßstab für den Fortschritt unserer inneren Vergreisung und Verknöcherung, inwieweit wir dazu neigen, die Dinge um uns her für selbstverständlich zu nehmen und sie jeglichen Wunders zu berauben. Denn nichts um uns herum ist selbstverständlich. Eine jede Zelle unserer Haarspitzen enthält mehr Weisheit, als unser Verstand auszudenken fähig ist.

Kein Ding neben uns *muß* sein; würde aber nur ein einziges fehlen, so würde sich alles ändern. Denn alles steht mit allem in Verbindung. Es ist eine gute Einübung in die Religion, sich einmal vor Augen zu halten, was alles wir schon heute morgen beim Aufstehen vorausgesetzt und als selbstverständlich genommen haben, ohne daß es das in Wahrheit ist: weder die Mechanik des Weckers noch die Energieabgabe des Elektrizitätswerks noch die des Wasserwerks sind selbstverständlich. Lediglich unsere Gewöhnung vermittelt uns die Illusion, es sei nicht weiter sonderbar, daß der Wind in der Nacht die Atmosphäre gereinigt, der Regen die Straßen abgewaschen, der Magnetschild der Erde uns vor einer radioaktiven Katastrophe der Höhenstrahlung bewahrt hat. Für wie vieles können wir dankbar sein, das neben uns mit der geduldigen Selbstverständlichkeit eines unauffälligen Dienstboten existiert und darauf wartet, von uns benutzt zu werden.

Im Neuen Testament ist mitunter die Rede von Menschen, die Christus um ein Wunder bitten. Aber auffällig genug heißt es dann oft: »Der Herr konnte hier kein Wunder wirken, weil man nicht an ihn glaubte.« Wer jene Fähigkeit, sich zu verwundern, ganz und gar verlernt hat, dem kann selbst Gott nicht mehr mit einem Wunder dienen, sowenig wie ein Kellner einem Magenkranken mit dem Lieblingsdiner des Hauses. Nur wer sich wundert, lernt das Wunder kennen. Es ist dieselbe Haltung des Erstaunens und der Neugier und der Dankbarkeit, die dem Glaubenden wie dem Forschenden gemeinsam ist. Es ist die Eigenschaft, die uns zu Menschen macht.

Ein Aussätziger

Als er aber vom Berg herabgestiegen, folgten ihm große Scharen. Und da! Ein Aussätziger kam heran, verneigte sich tief vor ihm und sagte: Herr, wenn du willst, kannst du mich rein machen. Und er streckte die Hand aus, hielt ihn fest und sagte: Ich will, werde rein! Und gleich ward er von seinem Aussatz rein. Sagt Jesus zu ihm: Sieh zu, daß du zu keinem sprichst. Doch geh, zeige dich dem Priester, und bring die Gabe dar, die Mose geboten – ihnen zum Zeugnis. MT 8,1–4

Die letzten Worte der Predigt, die Jesus vom Berge herab an die Scharen der Armen, Elenden und Kranken zu seinen Füßen hielt, lauteten: »Wer diese meine Worte hört *und sie tut*, gleicht einem weisen Mann, der sein Haus baut auf ein Fundament von Felsen.«

Die erste Szene, als Jesus vom Berg herabgestiegen ist, ist die Heilung eines Kranken, und sie wird sich fortsetzen in einer ganzen Kette von Wundern der Gnade. Sie alle sollen zeigen, daß das Urteil der Menge zutrifft, die staunend fragt: »Wer ist nun dieser? Eine neue Lehre, vorgetragen in Vollmacht.« Jesus *hat* die Macht, seine Worte wahr werden zu lassen, und die Art seiner Wahrheit, wenn er über Gott spricht, ist die Heilung der Kranken. Jetzt, an dieser Stelle, nach all den Wortüberlieferungen, die Matthäus an die Spitze seiner Darstellung des öffentlichen Wirkens Jesu stellt, greift er zurück auf die Vielzahl der Wunderberichte des Markusevangeliums und fügt daraus einen Kranz von Bestätigungen. Die Worte von Gott und die Heilungen in der Macht Gottes ergänzen einander wie Lehre und Praxis, wie Sprechen und Tun, wie Wort und Sakrament, müßte man genauer sagen. Indem Jesus die Sprache von Gott so formt, daß sich darunter bis ins Erfahrbare hinein Zeichen um Zeichen die Wirklichkeit Gottes vollzieht, tritt Jesus genau so auf, wie wir in unseren Tagen im Raum der Kirche die Gestalt des Priesters beschreiben. Grade das, was wir einen Gottesdienst nennen, Wortverkündigung und Handlung im Raum eines Sakraments, soll den Priester kennzeichnen. Matthäus formuliert nicht in solchen dogmatischen Begriffen, aber was er meint, ist genau dies. Dann aber schafft er den Kontrast. Seine Wunder beginnen im Raum der jüdischen Religion, sie setzen sich, mit der Geschichte des Hauptmanns von Kafarnaum, im Umkreis römischer Vorstellungen fort und weiten sich in der Sphäre der Kirche im Hause des Petrus in die Leiden und Hoffnungen der gesamten Menschheit aus. An dieser Stelle, bei der Heilung eines Aussätzigen, tritt gewissermaßen das neue Priestertum, das in der Person des Jesus von Nazaret beginnt, den überlieferten Vorstellungen der jüdischen Religion gegenüber.

Wir nehmen mitunter das Sprechen von Krankheit und Gesundheit recht äußerlich. Dann nennen wir einen bestimmten körperlichen Zustand »krank« und wenden bestimmte Mittel auf, um die Gesundheit des Leibes zu wirken. Vielleicht ist in unseren Erlebnisformen am Ende des 20. Jahrhunderts wieder eine erste Ahnung möglich, die bis in jene Tiefe reicht, aus der die Bibel spricht. Für sie ist Krankheit fast niemals nur ein organisches Geschehen; vielmehr weiß sie, daß das, was wir Krankheit nennen, sehr oft die Folge eines falschen Weltbildes und einer falschen Art zu leben darstellt. Insbesondere die Widersprüche und Brechungen im Raum des Religiösen können manche Krankheit zur Folge haben. Genau so jedenfalls meint es Matthäus an dieser Stelle. Was hier das Wort »Aussatz« bezeichnen soll, reicht in den Kern jüdischer Frömmigkeit.

Wenn wir von Judentum sprechen, dann fast immer als etwas, was von uns als Christen religionsgeschichtlich weit entfernt ist. Darum ist es gut, alles »Jüdische« in Anführungsstriche zu setzen und es als einen Teil von uns selber zu begreifen. Sehr bald werden wir dann merken, daß im Grunde keiner der Fehler, die krankheitsverursachend sein können, im Sprechen von Gott und mitten im Glauben wirklich erledigt ist. Die Fehler des »Jüdischen«, die von Jesus hier aufgegriffen werden, liegen in der merkwürdigen Zweiteilung der Welt in »kultisch rein« und »kultisch unrein«, »zugelassen zu Gott unter den Händen der Priester« und »nicht zugelassen unter den Augen der Priester«.

Wenn man erst einmal anfängt, das wirklich so zu glauben, trennt sich die Welt in Profan und Heilig, in Priesterlich und Nur-auf-der-Seite-des-Laienvolkes-Stehend, in eine Sphäre des Tempels und eine Sphäre draußen. Um es kurz zu sagen: Was hier »Aussatz« heißt, ist wie eine Brechung, wie ein Reflex dieser Zerrissenheit. Bis in die Seele hinein können Menschen dem Göttlichen im Umkreis dieses Denkens entfremdet werden, und es ist am Ende ihr eigener Körper, das Organ ihrer Empfindsamkeit, das zerstört, seelenlos, entleert als bloße Hülle des Lebens übrigbleibt.

Was wir Aussatz nennen, ist eine Krankheit der Haut. Sie aber, unsere Haut, ist das vielleicht am meisten menschlich gewordene Organ. Manche Forscher meinen, das Fell sei erst von unserem Körper abgetragen worden in den Jahrmillionen, als wir, von den Bäumen herabsteigend, die offene Steppe besiedeln mußten; schweißtreibend laufend mit relativ großer Anstrengung unter relativ großer Hitze, hätten unsere Vorfahren den Fellbesatz nicht mehr vertragen, jedenfalls nicht mehr gebrauchen können. Es ist ein Zeichen unserer Schutzlosigkeit geworden, was wir heute Haut nennen – das größte Organ unseres Körpers insgesamt, Zeichen auch unserer Empfindsamkeit und Empfindlichkeit. Es kann alles mögliche von dem ausdrücken, was an Widersprüchen in uns liegt und uns von außen zugemutet wird. Dieses Organ, das unser Leben zwischen Drinnen und Draußen vermittelt, kann krank werden unter Kälte und Feindseligkeit, unter körperlich wie seelisch zugefügtem Schmerz. Wie oft mag es vorkommen, wenn ein Mensch einen anderen berührt oder auch nur berühren möchte, daß im anderen plötzlich all die Ängste wach werden, die ihm als Kind bereits eingejagt wurden! Man unterschreite die Fluchtdistanz, die ihm noch verblieb, auch nur um wenige Zentimeter, und man wird Angst oder, im Gegenteil, Erwartung und Sehnsucht erzeugen. Je nach dem Erlebnishintergrund eines Menschen können dieselben Berührungen auf der Haut uralten Schmerz oder beginnende Ahnung von Freude wachrufen. Die Krankheit des Aussatzes macht unseren ganzen Körper, die gesamte Zone unserer Empfindsamkeit zu einem einzigen Schmerz. Schlimmer noch. Im Raum einer Religion, die Wert legt auf Reinheit und Intaktheit unter den Augen der Priester und unter den Augen Gottes, sind die Aussätzigen als Unreine Ausgestoßene. Sie gehören nicht in den Kreis der gewöhnlichen Menschen. Sie müssen wie etwas Gefährliches vor sich selbst warnen, damit ihnen niemand in die Nähe kommt, damit sich niemand an ihnen infiziert. Es ist sozusagen der gefrorene Ekel, der sie aussondert und im Kreis der vermeintlich Gesunden nicht duldet. Es ist ein altes Gesetz aus dem Tierreich: Wenn nur ein Weniges am Äußeren eines Artgenossen unstimmig ist, fallen alle anderen mit dem Ruf von Strafe und Ausstoßung über das verwundete, kranke Tier her.

So sind wir Menschen. Wenn jemand sich unter uns mischt und nicht so gekleidet ist, wie wir's erwarten, nicht festlich genug, nicht feierlich genug, nicht vorschriftsmäßig – es genügt, ihn mit den Schnabelhieben des Spotts auszumerzen aus unserer Mitte. Und wie erst, wenn das Ungemäße sich eingebrannt hat wie ein Stempel, eine Tätowierung des Leids! Dann ist die Frage, wie wir soviel Schmerz – buchstäblich – von der Haut eines anderen Menschen zu streicheln oder zu küssen vermögen. Es gibt gegen die Krankheit der Kälte der zugefügten Schmerzen kein anderes Heilmittel als die Sprache stummer Zärtlichkeit. Alle Worte, die sich aufwenden ließen, sind auf dem Berge verhallt; was jetzt noch bleibt, ist die Willenserklärung gegen alle Dreinrede von außen: »Ich will, sei rein.«

Aber dem geht voraus die ganze Kunst, mitten in dem geschändeten Antlitz eines anderen Menschen das reine Bild Gottes wiederzuerkennen. Was hat man allein in unserer Religion, der katholischen, versessen auf die Reinheit, alles für unrein erklärt an unserem menschlichen Körper, an unserer Haut! Was alles müßte gestreichelt und zärtlich berührt und geküßt werden, bis es sich wieder fügt und es keine Zone des Aussatzes mehr gibt! Wie hat man Menschen traktiert und dressiert mit den Ängsten einer Quadratzentimetermoral: was unschicklich und unsittlich ist, wenn man es nicht bedeckt oder wenn man es enthüllt vor den Augen der Menschen!

Es gibt keinen Teil an uns und bei uns, in dem sich Gott nicht selber widerspiegeln würde und den er nicht selber geschaffen hätte als eines seiner größten Kunstwerke inmitten seiner Schöpfung. Auch nur die Stirn eines Menschen zu küssen kann soviel wachrufen an Träumen, Erinnerungen, Phantasien und Erwartungen. Und erst seine Augen! Sie werden die ganze Welt neu entdecken mit dem Blick der verloren geglaubten Zärtlichkeit. Seine Lippen werden anders reden in der Sprache der Liebe als in der Kälte des Gegenwinds von Haß, Verachtung und Lieblosigkeit. Seine Brust wird anders atmen und sich freier bewegen. Die geschwungenen Täler und Hügel seines Leibes, die schattigen Wälder – was daran wäre unrein, unanständig, aussätzig, was wäre wegzuschnüren, nicht hingehörend, abzuwerten oder nur noch in bestimmten Räumen einer bestimmten verzweckten Intimität zumutbar?

Es muß Jesus diese Kraft besessen haben, einem Aussätzigen so zu begegnen, daß er ihm das elementare Gefühl für die Unschuld und Reinheit seines ganzen Lebens wiederschenkte und seinen geschändeten Leib, seelisch wie körperlich durchgeprügelt bis zur Krankheit, ihm zur Verfügung zurückgab. Es sind Wunder einer reinen Liebe und eines reinen Vertrauens in die Macht, die wollte, daß wir *Menschen* sind, und der ganze Sadismus der Abspaltungen, des priesterlichen Herrschaftswissens findet hier sein Ende. Matthäus übernimmt es aus dem Markusevangelium wortwörtlich: »Jetzt weg mit dir; zeige dich den Priestern! Ihnen zum Zeugnis.« Das ist ein gehorsamer Aufstand. Denn was die Priester hier sehen werden, wenn sie den ehedem Aussätzigen im Tempel mustern, wird ein einziger Beweis ihrer Ohnmacht sein und, denken sie näher nach, ein Exempel ihrer eigenen Schuld. Denn wenn es möglich ist, daß sogar die Grenzen sich auftun, die die scheinbar Gesunden von den Kranken, die Reinen von den Unreinen, die Mitdazugehörigen von den Ausgesetzten trennen, dann ist die Machtsphäre Gottes größer als die seines Tempels, dann ist der Raum seiner Heiligkeit weit umfassender als die Machtsphäre der priesterlichen Religionsverwaltung, dann ist Jesus in einer Art priesterlich, die keinerlei Absonderung und Abgrenzung mehr zuläßt. Es ist das eine wie das andere zusammengehörig. Ein Mensch, der ganz bei sich sein darf, ist nur möglich in einer Religion, die niemanden mehr ausschließt und ausgrenzt. Erst dort gibt es keine Aussätzigen mehr.

Markus berichtet noch, daß Jesus dem so Geheilten verboten habe, irgend etwas von dem Wunder zu erzählen; er habe es trotzdem getan, und von überallher seien die Kranken gekommen. Matthäus spart sich dies. Es ist ja für ihn nur ein erstes Beispiel, wie es beginnt, daß die Worte Jesu Wirklichkeit werden. Es wird sich so fortsetzen. Fragen aber wir selber uns, was wir denn tun sollen mit Berufung auf den Mann aus Nazaret, so kann in seinem Sinne die Antwort nur lauten: Liebt einander so zärtlich, innig, schutzlos, unabgegrenzt, bis es heilend wirkt und die gefrorene Krankheit bis in den Körper des anderen auflöst. Es fällt uns so leicht, zu sagen: »Gott ist die Liebe«, aber in unserer Welt, die so klein ist, hat die Liebe oft so wenig Chancen, zerbricht immer wieder an den Vorstellungen, die wir uns über Gott machen und ihm sogar in den Mund legen. Gott aber ist unendlich und alles, was ihn begrenzt, vielleicht die einzige Sünde. Sie führt am Ende zur Krankheit des Aussatzes.

Das Wunder dieser Szene ist die grenzenlose Offenheit der Liebe. Sie ist die einzige Macht, zu heilen, aber ihre Kraft besteht im Vertrauen auf Gott. Der ganze Leib eines Menschen ist ein Tempel Gottes, die ganze Welt das Heiligtum des Allerhöchsten. Wir aber, einer dem anderen, sind seine Mittler, seine Ärzte und Priester. So beginnt es in den Niederungen im Schatten des Berges, auf dem zum erstenmal die Armen und Elenden glücklich gepriesen wurden.

Der Hauptmann von Kafarnaum und sein Knecht

Als er nach Kafarnaum hineingegangen war, kam ein Hauptmann zu ihm, mutete sich ihm zu und sagte: Herr, mein Bursche liegt zu Haus gelähmt darnieder, arg gequält. Sagt er zu ihm: Soll ich selber kommen und ihn heil machen? Da hob der Hauptmann an und sprach: Herr, ich bin nicht genug, daß du unter mein Dach kommst. Aber sprich nur ein Wort, und mein Bursche wird geheilt. Denn: Auch ich bin ein Mensch unter Vollmacht, und ich habe Soldaten unter mir. Sage ich zu einem: »Geh!« so geht er; und zu einem anderen: »Komm!« so kommt er; und zu meinem Knecht: »Tu das!« so tut er es. Als Jesus das hörte, staunte er und sprach zu den Nachfolgenden: Wahr ists, ich sage euch: Bei keinem in Israel habe ich so großen Glauben gefunden. Ich sage euch aber: Viele werden vom Aufgang und Niedergang kommen und mit Abraham, Isaak und Jakob im Königtum der Himmel zu Tisch lagern. Die Söhne des Königtums aber werden hinausgeworfen in die Finsternis draußen. Dort wird sein: das Heulen und Knirschen der Zähne. Und zum Hauptmann sprach Jesus: Geh, wie du geglaubt hast, so geschehe dir. Und geheilt ward sein Bursche zu jener Stunde. MT 8,5–13

Soeben erst ist Jesus als der Herr vom Berg der Seligpreisungen herabgestiegen unter dem staunenden Zuruf der Menge: »Wer ist dieser? Eine neue Lehre, verkündet in Vollmacht!« – da geht er daran, diese seine Macht im Namen Gottes unter Beweis zu stellen. Er heilt einen Aussätzigen und schickt ihn zur Beglaubigung in den Tempel zu den Hohenpriestern. Dann aber, zum zweiten, kommt ihm in Kafarnaum ein Heide entgegen, ein römischer Hauptmann, und da setzt diese Erzählung ein.

Matthäus nutzt sie für eine grundsätzliche Klarstellung. Zum ersten: Jesus ist der Herr der menschlichen Geschichte. Er ist der Richter der Welt, und hier wirkt er sein Werk und verkündet sein endgültiges Urteil. Es richtet ganz Israel und verwirft es seines Unglaubens wegen. Die Zone des Zähneknirschens und Heulens, der verzweifelten Wut wird das Los des Volks der Erwählung sein, der Kinder Abrahams, Isaaks und Jakobs. Aber um so größer öffnet sich die Botschaft Gottes im Munde seines Gesandten für die Welt, die bis dahin so verachtet war: der Heiden, der Römer, der scheinbaren Feinde Gottes.

All das ist Theologie, die Matthäus schon vorliegt, die er aber aufgreift und verwendet. Die ursprüngliche Geschichte war einfacher erzählt, menschlich verbindlicher, in gewissem Sinne wunderbarer. Sie hatte es wohl einzig zu tun mit der Art, wie Jesus sich einem Römer, einem Vertreter der Militärdiktatur, des etablierten Heidentums, zuwendet. Das allerdings – ohne jeden Richteranspruch über die menschliche Geschichte – bringt etwas Neues in die Weltgeschichte. Statt daß Völker sich im Namen Gottes befehden und anfeinden, könnten sie aufeinander zugehen und miteinander leben, sähen sie einer im anderen den Menschen statt den Typus des Gegners, den Manifestationspunkt des geordneten Hasses, der Mobilmachung. In den Augen Jesu ist der römische Hauptmann ein Mensch, mehr noch jemand, der in Not ist seines guten Willens wegen. Er tritt nämlich ein für einen dritten, der darniederliegt und sich nicht bewegen kann. Es entscheidet in der Tat über den ganzen Verlauf der Weltgeschichte, was man sieht, vor allem im Namen Gottes zu sehen wagt: ob die Abgeordneten, die Schachfiguren, die Delegationspuppen von Systemen oder aber wirkliche Menschen. *Das* ist ein unsichtbares Richteramt, das Jesus wirklich ausgeübt hat. Er nimmt den römischen Hauptmann im Widerspruch zur augenblicklich vorauszusehenden Dreinrede all der nationalen, orthodoxen, ordentlichen Kreise in Israel einfach als ein Gegenüber, das auf ihn zukommt.

Freilich fragt sich, wie *wir* den römischen Hauptmann und seinen Burschen zu sehen vermögen. Die Übersetzungen schleifen an dieser Stelle eine gewisse Zuspitzung ab, sie reden von dem »Knecht des römischen Hauptmanns«. Aber wer einen Diener oder einen Knecht hat, bewegt sich in gewissem Sinn in der vorgeschriebenen sozialen Schichtung. Einzig Fridolin Stier übersetzte das Wort, das wirklich dasteht, genauer: »Der Junge«

steht eigentlich da. Ein Hauptmann hat einen Burschen, dem er befiehlt und den er hält wie einen gehorsamen Jungen. Das Verhältnis zwischen dem Hauptmann und seinem Burschen ist wesentlich das des Befehlenden zum Untergebenen, des Kommandohabenden zu dem die Hacken Zusammenschlagenden; und in diesem Gefüge muß sich etwas ereignet haben, was auf eine Krankheit, eine Lähmung, eine chronische Quälerei hinausläuft.

»Wie das?« werden Sie fragen und: »Was wird der Text darüber hergeben?« Schauen wir genau hin, dann gibt er eine ganze Menge her. Die Art des Hauptmanns – wie er auftritt, wie er redet, wie er Jesus begegnet – ist außerordentlich sprechend für ihn selber. Im Aufbau der Wundererzählung scheint es unverhältnismäßig lang, wie der Hauptmann erklärt, wem er befehlen und Weisung durchs Wort geben kann. Tatsächlich aber ist der Hauptmann grade so völlig glaubwürdig geschildert. Er selber beschreibt eine Welt, in die er ganz und gar eingeordnet ist. Diese Welt funktioniert nach der Befehlsstruktur: eine Ämter-Hierarchie, in welcher von der obersten Spitze, die das Sagen hat, die Befehle nach unten gehen, und es funktioniert reibungslos, indem jedes einzelne Glied in das Gefüge der Macht eingeordnet ist. Die Welt, in der der Hauptmann lebt, ist bis ins Detail hinein zu verwalten, zu kommandieren, zu funktionalisieren. Und eben weil das so ist, funktioniert alles so perfekt. Innerhalb dieser Welt ist eine Alternative aus der Perspektive des Hauptmanns subjektiv überhaupt nicht sichtbar. So *ist* die Welt, und so muß sie sein; es ist die einzige Wirklichkeit, die er kennengelernt hat und die es für ihn gibt. Innerhalb dieser Welt gibt es auch so etwas wie Fürsorge für Menschen in Not. Die Gehorsamsbereitschaft der Untertanen hat zur Voraussetzung das Gefühl der Verantwortung, einer Ernstnahme von Pflichten, und so greifen die Befehle und die ausführenden Organe ineinander. In dieser Welt wird niemals etwas falsch gemacht. In dieser Welt ist alles planbar und befehlbar, machbar, wenn man nur will.

Sie müssen die Zeichnung bis zu diesem Augenblick nur auf sich wirken lassen, und Sie werden sie gar nicht als nur römisch, sondern in gewissem Sinn als ganz modern vor Augen haben.

Nicht nur das römische Militär und das heutige Militär haben da ihre vollkommene Entsprechung; wo in unserer gewohnten Welt ist das eigentlich anders – in unserer Kirche, in unserer sozialen Umgebung? Ist das nicht eine vorbildliche, korrekte, leistungsfähige, zufriedenstellende Welt?

Wir kommen auf eine gewisse Brechung, die notwendigerweise zu dieser Weltauffassung gehört, im Wesen dieses Hauptmanns, sobald wir betrachten, wie er mit Jesus selber umgeht. Die Worte, die er da spricht, sind uns als Katholiken so in die Seele eingegraben, daß wir sie in jeder Messe vor dem Beginn der Kommunion auf den Lippen tragen: »Herr, ich bin nicht würdig, daß du eintrittst unter mein Dach; aber sprich nur ein Wort, und mein Knecht, mein Bursche – meine Seele, sagt die Kirche – wird gesund.« Das ist demütig, schuldbewußt, unterwürfig, bittstellend und angewiesen auf fremde Gnade. Das ist das eine, und das weiß der Hauptmann. Aber im gleichen Augenblick, wo er das sagt, zeigt er sich auch, ob man will oder nicht, von einer genau anderen Seite. Eben noch hat Jesus erklärt: »Ich werde kommen und ihn selber heilen«, als ihm diese Antwort beschieden wird: Da ist ein Hauptmann, der so demütig ist, daß er dem Mann, von dem er die Hilfe erwartet, vorschreibt, wie diese Hilfe zu erfolgen hat, genau nach der Art, wie er, der Hauptmann, es gewöhnt ist. Man kann also gleichzeitig bittstellend und befehlend, demütig und herrisch, verantwortlich und fürsorglich und trotzdem stur sein. Und von beidem sage ich, daß es eine Einheit bildet. In der Sprache der Psychologie müßte man von einer ausgesprochen zwanghaften, zwangsneurotischen Haltung reden. Da gibt es Mitleid und Qual, Demut und Herrscherwillen, Unterwürfigkeit und Terror, Gehorsam und Geltungs- und Machtstreben, und das alles in eins, ohne daß die so Fühlenden und Denkenden irgendeine Chance hätten, diese Brechungen, diese Schattenseiten im Hintergrund ihres ganzen Wesens, ihrer Weltauffassung zu bemerken.

Vielleicht sagen Sie nun: »Schön und gut, das ist ein Hauptmann, das ist zweitausend Jahre her, warum muß man das eigentlich wissen?« Nun, ich denke, man muß es wissen, um zu begreifen, wie Fürsorglichkeit und Krankheit unter Umständen zusammenhängen können und welche Chancen es überhaupt gibt, im Namen Gottes einen Menschen zu heilen. Dann fragen wir uns, wie man neben einem solchen Hauptmann als Bursche sein Leben verbringen soll. Was Gelähmtheit ist, werden Sie selber aus eigener Erfahrung ab und an, ansatzweise zumindest, kennen. Es gibt Augenblicke der Depression. Man weiß nicht genau, woher Gefühle von Niedergeschlagenheit wirklich kommen, aber man *fühlt* sich niedergeschlagen – derart, daß man am liebsten nur noch im Bett liegt; man kommt nicht mehr hoch, es ist keine Kraft mehr in den Gliedern, man sackt in sich zusammen und ist erschöpft. Schaut man genau hin, dann entdeckt man in solchen Zuständen einen verborgenen Konflikt. Man möchte etwas tun, hat aber Angst, spürt auch, daß man es nicht soll oder darf, verbietet es sich selber. Ein geheimes Wollen kontrastiert mit geheimem Nicht-Dürfen, Mögen und Verbot treffen aufeinander. Der Konflikt selber ist nicht aussprechbar. Oder noch anders: Man will etwas bekämpfen, man möchte in einen Konflikt eintreten, fürchtet aber die Konsequenzen. Man ist ärgerlich und zornig, will eigentlich agieren, aber scheut sich vor der Übermacht des anderen. Dann geht der Impuls zum Widerstand nach innen und führt zur vollkommenen Passivisierung, zu einer Art Streik. Solche Zustände werden erlebt wie Gelähmtheit. Ein Mensch blockiert durch sein Dasein den anderen, verkörpert einen Konflikt, den er auslöst, auch ohne es zu wollen, in dem andern, der nicht begreift, was in ihm vorgeht.

Nehmen wir die Situation des Burschen dieses Hauptmanns in angegebener Weise, so sollten wir denken, daß er von seinem Befehlsgeber wirklich wie ein erwachsenes Kind, wie eine Gliederpuppe, eine Marionette in fremden Diensten gehalten wird. Was er leben soll, ist ein vorgelebtes Leben, ein entfremdetes Dasein, eines, mit dem er nie identisch ist. Alles in ihm, unterstellen wir einmal, rebelliert auf die Dauer gegen diese Art der Überfremdung. Er *würde* auch gegen seinen Hauptmann mobilmachen, *würde* ihm widersprechen, wenn er nur könnte. Mag sein, es hindern ihn daran bereits die sozialen Zwänge, mehr noch aber die Art des Hauptmanns selber. Wäre dieser nur einfach ein grausamer Despot, ein Tyrann, dann könnte man ihm leidenschaftlich, ohne Schuldgefühle, geradeaus entgegentreten. Der Hauptmann ist aber grade so, wie die Geschichte ihn hier zeigt, rührend bemüht um seinen Burschen, verantwortlich, menschlich sehr nahe. Es ist ein guter Hauptmann, jemand, dem man glauben muß, daß er für seinen Burschen nur das Beste will. Eines solchen Mannes Befehl ist ebenso erstickend wie seine Fürsorge, und aus dieser Schere ist kein Entrinnen.

Nehmen wir ferner, daß dem Burschen als Form des Protestes, der Verweigerung nichts anderes bleibt als die Gelähmtheit. Sie ist ihm peinlich, er will sie nicht wirklich, er quält sich damit, es ist alles andere als nur etwa sein Wunsch. Trotzdem kommt er aus dem Konflikt nicht heraus. Was aber dann? Wie gewinnt man Zugang zu einem fremden Menschen, so daß man ihn über eine Mittelsperson wie diesen Hauptmann heilen kann? Eines ist klar: Jesus hätte die Möglichkeit, sich durchzusetzen und zu sagen: »Recht hast du; ich habe die Befehlsgewalt, und wenn ich schon befehle, handle ich, wie es mir gefällt; also würdig oder unwürdig – mich interessiert dein Bursche, führe mich zu ihm.« Dann stünde *eine* Befehlshierarchie gegen die andere, und man hätte am Ende lediglich einen gehorsamen, nicht einen wirklich einsichtigen Hauptmann. Das Erstaunliche ist, daß Jesus völlig anders handelt, als ganze Theologengenerationen uns haben weismachen wollen. Die sprachen ständig davon, daß, wenn Gott in die menschliche Welt tritt wie vor allem in der Person seines Sohnes Jesus von Nazaret, der menschliche Wille im Widerspruch des göttlichen Willens aufgehoben wird. Da ist das, was Gott möchte, formal und inhaltlich das gerade Gegenteil des Menschenwunsches und der Menschenabsicht. Doch Jesus handelt auf äußerst geschmeidige Weise bis in die Bedingungen, bis in die Details hinein dem Hauptmann entsprechend. Er fügt sich sogar in die Voraussetzungen der Heilung, die ihm abverlangt werden. Was aber dann? Es ist vielleicht zum erstenmal in seinem Leben, daß dieser Hauptmann entdeckt, daß es Zustände, Wirklichkeitsräume gibt, die sich *nicht* mit Macht und Befehl und »Ich sage« und »Ich will« beseitigen lassen. Der Boykott oder Streik seines Burschen ist wie eine Bombe, die ein ganzes Weltgebäude explodieren läßt. Spätestens an der Krankheit wird die Macht ohnmächtig. Dem Hauptmann bleibt nichts anderes als, entsprechend *seinem* Weltbild, an eine *noch* höchere Macht zu appellieren, die in seine Sphäre eigentlich gar nicht eindringen *darf*, die draußen bleiben muß, die von ganz anderer Wirklichkeit ist. Aber genau ihrer bedarf es. Dieser Ausweg der Hilflosigkeit wird der entscheidende Wendepunkt; denn das ist eigentlich, was Jesus mit seiner ganzen Existenz verkörpert. Er möchte uns Menschen Ausblick geben auf eine andere Welt, eine andere Macht, wo wir buchstäblich *nichts* zu sagen haben. Diese Macht durchdringt uns wie die Luft, sie ist geschmeidig wie das Wasser, in genauem Sinne widerspricht sie uns in allem, aber so, daß sie uns vor allem und zuerst annimmt und bestätigt und aufrichtet und leben läßt. Eben weil sie ganz anders ist, vermag sie dies.

Indem der Hauptmann an seiner Ohnmacht diese Macht berühren lernt, diese ganz andere Sphäre zu sehen beginnt, begibt sich in ihm etwas, woran sein Bursche gesund werden wird. Er wird merken, daß er als Hauptmann nicht endgültig und letztlich in eines anderen Menschen Leben das Sagen hat. Und nehmen Sie diese Erfahrung aus der Sicht des Burschen, so begreifen Sie, wie ein Gelähmter, ein sich Quälender gesund werden kann. Plötzlich dämmert es: Kein Mensch gehört einem anderen. Erst dann vermag man zu gehorchen, ohne als Mensch vernichtet zu werden. Es wird gewiß: Kein Mensch ist lediglich das Rad im Getriebe einer Maschinerie. Erst dann vermag man als wirklicher Mensch lebendig zu sein und sogar nützlich und dienstbar im Kreise der anderen zu werden. Wir entdecken, daß eine Krankheit so etwas sein kann wie der Beginn einer Heilung. Sie kann einen Protest in sich enthalten, ein Nein, das die Welt anhält, und plötzlich dringt durch die Fugen der Welt etwas ganz anderes ein, das wir brauchen, um wieder zurückzugehen und die Welt sich weiter im Dasein erhalten zu lassen. Es ist dies eine erstaunliche Geschichte von einer Macht, die stark darin ist, daß sie auf das Gebieten verzichtet und nur dem stärksten Wünschen recht gibt, die die Macht entzaubert und entblättert, indem sie sie formal bestätigt, und eine Gelähmtheit überwindet in einem unsichtbaren Dialog über einen Dritten.

Welche Rolle im Kreise dieser drei, des Burschen, des Hauptmanns und des Jesus von Nazaret, spielen wir selber? Es werden vermutlich stets wechselnde Rollen sein. Bald sind wir hilflos und ahnen nicht, wieviel Kraft und Wahrheit auch in unserer nur scheinbaren Unfähigkeit liegen kann, und warten auf Hilfe, und sie wird uns, indem sie den Protest durch tiefere Bejahung bestätigt. Manchmal sind wir wie der Hauptmann, stehen der eine vor dem anderen, wissen scheinbar alles besser, aus lauter gutem Willen, aus lauter Fürsorge und Verantwortung und trotzdem blockieren wir am anderen das Beste. Eltern in bezug zu ihren Kindern, Vorgesetzte in bezug zu ihren Untergebenen, Kirchenobere in bezug zu ganzen Scharen von Gläubigen – die gesamte Pyramide der Hierarchie kann diese Effekte des »Fürsorgeterrors« zeitigen. Eine Befreiung davon gibt es nur, indem wir lernen, wie wenig wir wirklich verantworten *können*, denn andere Menschen sind lebendig, gehören nicht uns, sondern der Machtsphäre Gottes. *Ihr* Leben haben nicht *wir* zu bestimmen, sondern was im Leben der anderen stimmt, stimmt überein mit der Macht, die wollte, daß wir sind, und je mehr wir zurücktreten, desto mehr gewinnen sie an Lebendigkeit und desto mehr gewinnen wir sogar am Ende zurück. Manchmal – und es ist nicht zuviel gesagt, wofür sonst hießen wir Christen – können wir der eine dem anderen so etwas wie Jesus selber sein, wenn wir ganz einfach nicht nur formal an ihn, den Richter Israels, den Richter der Völker, den endzeitlichen Messias, glauben, sondern demütig wie er glauben, daß das Leben jedes Menschen eine Chance vor Gott hat und er gnädiger, größer und mächtiger ist, als wir zu träumen wagen.

Ein Gelähmter

Und er stieg in ein Boot, fuhr über und kam in seine Stadt. Und da! Sie brachten ihm einen Gelähmten, der hingestreckt auf einer Liege lag. Als Jesus ihren Glauben sah, sprach er zum Gelähmten: Sei getrost, Kind! Jetzt sind deine Sünden nachgelassen. Und da! Einige Schriftgelehrte sprachen bei sich: Der lästert! Aber Jesus sah ihre Gedanken und sprach: Warum denkt ihr Böses in euren Herzen? Was ist denn leichter, zu sprechen: Jetzt sind deine Sünden nachgelassen, oder zu sprechen: Auf, und geh einher? Damit ihr aber wißt, daß der Menschensohn Vollmacht hat, auf Erden Sünden nachzulassen – sagt er nun zum Gelähmten: Auf, nimm deine Liege und geh nach Haus! Und er richtete sich auf und ging nach Haus. Als die Scharen das sahen, überkam sie Furcht. Und sie verherrlichten den Gott, der solche Vollmacht den Menschen gegeben .

MT 9,1–8

Merkwürdig genug, es sind die uns am meisten vertrauten Worte, die uns das Verständnis an dieser Stelle erschweren. Wie sollen Sünde und Lähmung miteinander zusammenhängen? Der Zusammenhang zwischen Sünde und Vergebung fällt uns, grad wenn wir diese Geschichte mit katholischen Ohren hören, nur allzu leicht. Da sind irgendwelche Gebote Gottes und der Kirche übertreten worden, und dann werden sie uns durch den Mund des beamteten Priesters im Sakrament der Buße nachgelassen. So einfach ist das. Eine größere Beunruhigung, bis hin zu Krankheit und Ausfall jeder eigenen Aktivität, ist darin nicht vorgesehen. Andere sind von diesen Einfachheiten so verstört oder angewidert, daß sie sie längst preisgegeben haben, sie mögen von Sünde gar nicht mehr hören und finden ein Sakrament der Vergebung demütigend, wo man in Schlange vor dem Gitter eines Beichtstuhls steht und auf den Mann wartet, der durch seinen Zuspruch Frieden stiftet zwischen Gott und den Menschen.

So oder anders, man kommt in diese Geschichte nicht hinein, wenn man gleich mit dem uns Vertrauten beginnt. Vielleicht hilft uns der Filmregisseur Michelangelo Antonioni, der in Italien vor Jahren in dem Film »Die rote Wüste«, weitab von jedem Versuch, die Bibel zu kommentieren, einfach ein bestimmtes Portrait der Neurose der Menschen in der Großstadt zeichnete. Eine Frau hat einen Autounfall verursacht, und plötzlich ist sie herausgefallen aus dem Netz der beruhigenden Sicherheiten. Es hat sie angesprungen wie ein Schock. Ein winziger Augenblick genügt, um eine Tat zu begehen, die man nie gewollt hat, deren Folgen aber nie wiedergutzumachen sind. Was bedeutet es, menschlich zu leben, wenn ein Sekundenbruchteil der Unaufmerksamkeit so unabsehbar in das menschliche Leben hineinschneidet?

Diese Frau ist hilflos, verstört und haltlos. Sie klammert sich an ihren Jungen. Sie möchte nur alles richtig machen. Sie erzählt ihm, an seinem Bettrand sitzend, traumhafte Geschichten von einem Mädchen, das bei Kormoranen aufwächst auf einer weit entlegenen Insel, der irgendwann am Horizont ein Schiff mit weißen Segeln nahen wird. Da entdeckt sie, daß ihr Kind steif und gelähmt ist. Der Junge muß die Angst seiner Mutter gespürt haben bis in die Glieder hinein. Er übernimmt sie bis in den physischen Zustand. Er agiert die seelische Gelähmtheit seiner Mutter aus, die keinen eigenen Schritt, keine eigene Entscheidung, keinen persönlichen Entschluß mehr wagt. Die Welt ist ihm unheimlich, sie macht nur noch Angst.

Wie, frage ich Sie, erlöst man die Menschen von der Furcht vor ihren Fehlern? Das muß es heißen. Viel leichter ist es, zu sagen: »Steh auf und bewege dich«, als bis an diesen Kern der Angst, der Unsicherheit, des völligen Streiks der Motorik sich heranzuarbeiten. Wir sollten an dieser Stelle vermutlich von Sünde deshalb gar nicht sprechen, wenn wir mit der Frau in der »roten Wüste« ein wirkliches Gespräch führen möchten. In ihrer Suche nach Zusammenhalt preßt sie sich zusammen mit anderen in die Gruppen anderer Menschen. Man feiert Orgien, man macht Witze, man betäubt sich die Nächte hindurch und versucht eine Wärme herzustellen, die es, seelisch ausgefroren, nie mehr gibt.

Aber wie wäre es jetzt, es träte in das Leben dieser Frau jemand, der begriffe, woran sie leidet, und spräche zu ihr und vermittelte sinngemäß: »Du mußt dich nicht länger fürchten, daß du schuldig werden kannst. Es gehört zu uns Menschen, daß uns Furchtbares geschehen kann, aber am allerfurchtbarsten ist es, aus Angst, etwas falsch machen zu können, am Ende gar nichts mehr zu tun. Die Fehler gehören zum Leben, die angstvolle Verweigerung aller Fehler wäre das Ende des Lebens. Und das ist ein Unrecht, das du dir und all den Menschen an deiner Seite zufügst. Du bist mit deinen Fehlern kein schlechter, verurteilenswerter, strafwürdiger Mensch, sondern ich sage, es gibt eine Vergebung, und an die darfst du glauben. Und deshalb gibt es auch dich als fehlbaren, irrtumsfähigen Menschen. Der darfst du sein, der mußt du in gewissem Sinne sein, denn was du bist, ist viel mehr als der Bereich der Fehler. Du mußt versuchen, deinen Blick wegzulenken von dem Abgrund des Schocks, in den du geblickt hast. Ich weiß, du siehst jede Nacht dich selber in einer Geröllhalde aufwärts kletternd, aber unter den Füßen rutschen die Steine weg, und du sinkst, je mehr du strampelst, immer weiter nach unten; das sind deine Alpträume. Aber es gibt eine Hand von oben her, die dich hinaufzieht. Darum beginne noch einmal von vorn, ich sage dir, Kind, gewinne ein Stück der Unschuld wieder aus den Tagen, da man noch nicht von dir forderte, perfekt zu sein und in jedem Augenblick verantwortlich für alles, was um dich herum und durch dich selbst geschehen kann. Begründe so etwas neu in deinem Leben wie ein unbeschwertes Spiel, wie ein Arrangement aus Versuch und Irrtum. Anders kommst du niemals vorwärts als in dem Vertrauen, daß du lernen darfst aus Fehlern und daß das, was du falsch machst, dir vergeben wird.«

Natürlich mag man sich fragen: Wie kommen denn Menschen dahin, in eine solche Straf- und Schuldangst hineinzugeraten, in einen solchen Perfektionismus, der keine eigenständige Bewegung mehr erlaubt? Der Formen der Gelähmtheit sind so unendlich viele. Grade dies, daß man wie mit unsichtbaren Seilen gezogen, auf unsichtbaren Tragbahren hin und her transportiert wird zu jedem beliebigen Punkt, kann, von außen betrachtet, fleißig, tüchtig, normal erscheinen. Menschen tauchen nur da auf, wo man sie haben möchte, und da sind sie dann. Sie bewegen sich scheinbar widerstands- und reibungslos, nur: sie leben nicht von innen. Sie wagen keinen eigenen Gedanken. Sie existieren nur mit dem Blick auf das, was andere von ihnen wünschen.

Es gehört meist nicht sehr viel dazu, sich vorzustellen, wie Menschen dieser aktiven oder passiven Gelähmtheit haben leben müssen, als sie Kinder waren. Da war womöglich jeder Fehler tödlich. Es genügt, daß ein Kind nicht weiß, wofür es eigentlich bestraft wird. Es wird nur noch mit großen Augen darauf starren, wann die nächste Strafe droht, und diese Frage kann es nicht beantworten. Was also bleibt ihm, als sich mimosenhaft fein in jeden Wind von Zorn und Schelte zu schmiegen, um nur ja dem Ungewitter zuvorzukommen. Ein solches Kind macht nie mehr etwas falsch, es ist der reine gute Wille. Aber wann darf es selber leben? Das ist hier die Frage. Und was wird dann nötig sein, bis ein solches Kind, erwachsen geworden, als ein reifer Mensch zu seiner eigenen Existenz findet?

Was hier auf dem Spiel steht, ist die Frage des Prinzips, wie man mit Menschen umgeht und wovon die Menschen leben. Ist wahr, was Jesus hier sagt: Ein Mensch lebt als Mensch, das ist die Grundlage, und was er falsch macht, ist das Sekundäre. Darüber waltet Vergebung und Gnade. Daß ein Mensch leben darf als ein Mensch, dies ist das Entscheidende. Das erregt den Ärger jeder Art von Schriftgelehrsamkeit in jeder Art von Religion. Denn dagegen steht ein vollkommen anderes, heterogenes, konträres Prinzip: Ein Mensch ist berechtigt zum Leben auf der Grundlage des Rechtes; wenn er sich einfügt in die formulierte Rechtsame der Religion und der Gesellschaft, darf er leben, und überschreitet er sie, dann verwirkt er sein Recht zu leben, und der Staat und die Kirche und die Gesellschaft benutzen ihn als den Outlaw, der er durch eigenes Tun geworden ist. Kein Mensch hat ein Recht durch sich selbst, es wird verliehen durch Gott, durch die Kirche, durch den Gesellschaftsvertrag. Ein Mensch an sich ist eine Null, bevor ihm gesagt wird: Du bist im Recht, wenn und weil du einer von uns bist. Darüber wachen sie, Schriftgelehrte, Theologen, Rechtsanwälte aller Chargen, und sie werden verfügen, wann ein Mensch richtig ist und wann er falsch ist. Das steht auf dem Spiel.

Da soll ein Mensch aus der Gelähmtheit und der Furcht entlassen werden. Das lästert Gott! Das fordert die Allmacht Gottes heraus! Und es ist kein Gott mehr, den man verrechtlichen könnte, wenn denn das stimmt. Es ist eine Entscheidung auf Leben und Tod, nur stellt sie sich für Jesus nicht zur Vernichtung der Menschen. »Also, ihr Herren, warum denkt ihr Böses?« Die Leute denken nur, was man ihnen beigebracht hat. Sie wissen überhaupt nichts anderes, als was sie aus der autoritären Tradition von Jahrhunderten in ihren Köpfen haben, lauter fromme Sprüche, Lehrsätze, ein Wissen über das ganze Leben im voraus. Und genau das ist böse, genau das lästert Gott, meint Jesus: daß man zu schauen, was man vor sich hat, keinen Mut mehr aufbringt, denn man weiß schon, was in Ordnung ist und was deshalb so bleiben muß, wie es ist. Lieber die Lähmung, lieber die Ruhe, als daß da Freiheit sei, Eigenständigkeit und Mut zum Dasein. Aber das verkörperte Jesus, und das wollte er. Dies war sein wirkliches Wunder.

Was ist für uns in der Kirche daraus geworden? Wir haben aus dem Wunder ein leichthin zu verwaltendes Sakrament gemacht. Wir haben vor 450 Jahren in der katholischen Kirche die Chance verpaßt, die uns die Reformation mit einer Art Volksaufstand quer durch Europa auf*zwingen* wollte. Sie wollte, daß Menschen unmittelbar zu Gott sind und nicht gebunden sind an einen bestimmten Stand, von dem sie abhängig würden. Das grade sei die Lähmung der Seele, eine Schikane des Gottvertrauens, fanden die Theologen der Reformation. Und hatten sie wirklich so unrecht? Die ältere Generation in unserer Kirche bedauert, daß die jüngere zum Beichtstuhl nicht mehr herfinden will. Die jungen Menschen sind es leid, alle vier Wochen irgendeinen Spruch aufzusagen, auf den ein anderer Spruch zur Antwort gesagt wird, was dann über Himmel und Hölle, Leben und Tod entscheidet. Es ist eine Farce, war es vermutlich immer schon, aber vielleicht nicht immer so sichtbar wie heute.

Aber dann – da staunen die Scharen, welch eine Macht den Menschen gegeben ward, Sünden zu vergeben. Da ist keine beamtete Schicht in der Gruppierung der Gläubigen gemeint, sondern die Fähigkeit jedes Mannes, jeder Frau, und das ist etwas Wunderbares. Stellen Sie sich vor, wir würden diese

Fähigkeit nutzen, einander zu vergeben, bis daß Gelähmtheit, Müdigkeit, Resignation, Hoffnungslosigkeit, erstickende Angst im anderen aufgebrochen werden. »Ich vergebe dir« heißt ja keinesfalls: »Ich finde alles gut, was du machst, ich akzeptiere es, ich betrachte es genauso wie du als richtig.« »Ich vergebe dir« in diesem Sinne kann z.B. heißen: »Was du machst oder was du grade sagst, findet eigentlich meinen heftigsten Widerspruch, ich sehe darin ein schweres Problem für dich selbst und auch für mich, ich bin überhaupt nicht damit einverstanden, aber ich sage dir, deshalb möchte ich verstehen, wie du dahin kommst, erklär's mir, was sind die Hintergründe? Was hast du erlebt, daß du die Dinge so siehst? Das will ich verstehen, denn mir liegt an dir, ich lasse dich damit nicht fallen.«

Die allergrößte Kunst ist dabei, den andern dahin zu geleiten, daß er schließlich keiner fremden Autorität mehr bedarf, um das Vertrauen in die Richtigkeit seines eigenen Lebens zurückzugewinnen. Die ganze Kunst der Vergebung ist, daß jemand spürt, *er* darf sich vergeben, er darf mit sich einverstanden werden, darf mit sich zusammenwachsen, hat ein Recht auf seine oft verworrene Biographie, auf all die Konsequenzen, die sich daraus ergeben, auf die mühsamen Wege, sich daraus freizuarbeiten, aber er ist mit all dem nicht allein. Das ist das Wunderbare unter uns Menschen. Das war das Probierstück für Jesus, wie ernst uns Gott wirklich sei, ob wir immer noch nach schriftgelehrter Manier bereitstünden, mit fertiger Elle zu messen und zu richten, oder ob wir uns einließen auf das völlig Unableitbare, auf die unvorhersehbare Freiheit eines anderen Menschen, auf sein Aufblühen zur Liebe, auf sein Vertrauen in sich selber, auf das Empfinden der Unschuld, ein Mann zu sein, eine Frau zu sein, eigene Gedanken zu haben, gotteslästerliche vielleicht, aufrührerische womöglich, abweichend von allem Überkommenen – sei's drum. Und dies: sich zu wagen und nach vorne zu sehen, das sei das ganze Menschenleben unter den Augen Gottes, der möchte, daß wir sind.

Ein Stummer

Während sie eben hinausgingen – da! Schon brachte man zu ihm einen Stummen, vom Abergeist besessen. Als der Abergeist ausgetrieben war, redete der Stumme. Da staunten die Scharen und sagten: Noch nie ist solches in Israel erschienen! Die Pharisäer aber sagten: Mit dem Anführer der Abergeister treibt er die Abergeister aus! MT 9,32–34

Es gibt Stellen im Evangelium, an denen etwas Entscheidendes sich ausspricht, das zu einem Neuanfang aufruft; dieser aber bedeutet immer auch Trennung und Abschied. Diese Geschichte von der Heilung eines Tauben wirkt je nach der Zeit, in die hinein man sie spricht, wie eine melancholische Elegie oder aber wie ein Ruf des Protestes. Was jeweils daran ist, steht nicht im Text selber, er ist nur wie ein chemisches Element; wie er wirkt, hängt von der Umgebung ab, in die man ihn taucht.

Nichts von dem, was das Matthäusevangelium erzählen möchte, gehört der Vergangenheit an. Wie es wirkt, ist fernab von Wunder, Magie und Aberglaube; es ist eine Aufforderung, menschlich zu sein in einer Dichte der Begegnung, die heilsam wird, in diesem Falle mundöffnend für einen Stummen, ohrenöffnend für einen Tauben.

Wie heilt man Menschen mit zerbrochenem Mund? Manchmal wird erzählt, daß Jesus mit seiner Hand die Lippen eines Menschen berührte, so zärtlich und leicht wie in einem Kuß, der wagt und möchte, daß die Seele des anderen sich ausatmet und sich zu Worten der Mitteilung formt. Wie immer in solchen Geschichten herrscht Diskretion und absolutes Schweigen selber gegenüber den Hintergründen des Verstummens, aber wir kennen sie so vielfältig, wir begegnen ihnen so alltäglich, daß wir sie fast normal finden und geneigt sind, sie wie etwas Selbstverständliches zu übersehen.

Ein paar Formen möchte ich aufzählen, um eine konkrete Vorstellung davon zu schaffen, was Stummheit sein mag.

Da sitzt eine Frau vor mir mit einer Stimme, wie wenn man Steine aneinanderreibt, so hart ist der Ton, der sich tief in ihrem Hals wie verpreßt formt, als wenn ihr Mund nie hätte sprechen dürfen und jede Stimmartikulation unterdrückt worden wäre. Wenn sie etwas von sich selber sagt, sieht es so aus, als ob sie zu weinen beginnen wollte, aber sie weint nie wirklich; was sie sagt, ist eher verbittert, anklagend, zornig herausgesprochen. Aber es ist auch keine Auflehnung, es ist nur ein Schmerz, ein Verlöschen, ein Flackern. Es ist für ihren Ehemann nicht verständlich, was diese Frau will, es ist für ihre Kinder nicht erfindlich, was sie möchte, es ist für ihren Arbeitsplatz unerträglich, wenn sie redet – die meisten Menschen schließen vor ihr die Ohren, wenn sie nur anfängt, schon wieder anfängt. Man kann es ihr nicht recht machen, sie ist eine notorische Nörglerin. Das sieht man. Vom ersten Satz an ist entnervend, was und wie sie spricht. Aber geht man den Gründen ein wenig nach, so begreift man, was dahintersteht.

Es hat nie einen Wunsch gegeben, den sie hätte beizeiten sagen können. Jedes Tier hat normalerweise die Fähigkeit zu sprechen, nicht mit dem Mund, aber mit dem ganzen Körper. Es kann locken, verführen, sich wehren, verhandeln, es hat eine Vielfalt von Signalen zur Verfügung, um begreifbar zu machen, was es möchte, was es nicht möchte und wie es sich mit den Nachbarn arrangiert. Dieses ganze Feld macht Zusammenleben erträglich. Man hat den Mut, das, was man will, beizeiten zu sagen. Und man sieht: Dieses geht, jenes geht nicht, die andern sind dagegen. Diese Frau aber hat seit Kindertagen gelernt, schon allein die Andeutung möglichen Widerspruchs für endgültig zu nehmen. Dann ist Schluß, dann gibt es kein Recht mehr, dann ist nichts mehr mitzuteilen, dann steht der Vater da und weiß, was du darfst und nicht darfst. »Halt den Mund! Hör auf!« Sie war noch nicht vierzehn Jahre alt, als man ihr beibrachte, daß sie verführerisch war und daß das nicht sein durfte; einem Jungen gibt man nicht die Hand auf offener Straße, man geht nicht Arm in Arm mit ihm über die Straße, man geht nicht abends nach neun Uhr noch aus. Man darf für sich als Frau nicht werben, man darf überhaupt nichts tun, um für seine Wünsche

Reklame zu machen. Also hat man keine Wünsche mehr. Man hat sie nur noch im Ansatz bis dahin, daß man traurig wird, daß sie doch nicht in Erfüllung gehen.

Andererseits formen sich phantastische Erwartungen. Hoffnung auf Erlösung, auf eine Welt, in der die anderen, ohne daß man etwas sagen müßte, sensibel genug wären, herauszuspüren, was man möchte. Es formt sich sogar ein eigentümlicher Stolz. Zu bitten – das ist gemein; betteln um die Erfüllung eigener Bedürfnisse – da wirft man sich weg; entweder der andere merkt von selbst, was ich brauche, oder er liebt mich nicht wirklich. Nach dieser Devise wird man bald sehr einsam, denn kein Mitmensch kann unter dieser Bedingung den Eindruck gewinnen, da sei etwas Liebenswertes.

Wie öffnet man einem Menschen den Mund, so daß er mutig genug wird, viel mehr zu wagen, als ein ganzes Leben lang möglich war?

Sie müssen sich nur noch eine Drehung weiter in Richtung von Angst, Schuldgefühlen und innerer Verquältheit vorstellen. Denken Sie sich jemanden, der als Kind bereits gespürt hat, daß ihm Unrecht geschieht. Er wird von Mutter oder Vater mit Drohworten überfallen, mit Schlägen heimgesucht. Irgend etwas in ihm möchte sich wehren, doch er spürt: Je schlimmer die Übergriffe von außen werden, desto aggressiver müßte eigentlich seine Reaktion werden, und es genügte nicht mehr, dem Vater zu sagen: »Hör auf, mich zu schlagen!« oder: »Warum tust du das?« Denn was er tut, wirkt mörderisch. Man müßte ihm sagen: »Du machst mich tot.« Aber kein Kind kann das, denn damit bräche seine gesamte Beziehung zum Vater oder zur Mutter zusammen. Ja, noch tiefer wäre sogar der Wunsch, man hätte diesen Vater oder diese Mutter nicht. Aber schon einen solchen Wunsch zu spüren bedeutet, die Grundlage der gesamten Existenz zu vernichten, eine solche Regung von weitem auch nur in sich zu bemerken läßt als einzige Reaktion die Flucht zu: Man zieht sich nach innen, man preßt den Mund zu, man schweigt sogar über die eigene Traurigkeit, und wo das meiste gesagt werden müßte, dringt kein Wort mehr über die Lippen. Schweigen ist ungefährlich; solange man den Mund hält, kann nichts passieren. O Gott, wie hält man nur den Mund, um nicht das Furchtbare zu sagen, das man fühlt! Und eines Tages wird man selbst das Furchtbare nicht mehr fühlen, allenfalls die Traurigkeit, und da selbst sie den andern Menschen lästig ist, wird man anfangen, witzige Bemerkungen zu machen, sehr lustig und heiter zu werden, nur damit niemand spürt, was in einem vorgeht. Der Weg führt immer weiter vom Inneren nach außen.

Wie heilt man einen Menschen, so daß er wagt, die Ungeheuerlichkeiten seiner Kindheit zu sagen und als Erwachsener Worte zu finden, die sie aussprechbar machen? Es ist der Beginn von Selbstachtung, es ist der Anfang einer inneren Konsequenz und Kohärenz des eigenen Denkens. Die dauernde Gedankenzerstörung und Wunschvernichtung im Inneren hört auf, ein Mensch beginnt selber zu leben und in Austausch mit anderen zu treten. In all dem begegnen wir dem Wunder, daß ein Stummer geheilt wird gegen seine Angst, gegen seine Schuldgefühle.

Die Bibel steht nicht an, diese seelisch verursachten Behinderungen als Dämonie zu bezeichnen, und daran ist etwas richtig, wenn man sich unter Geistesbesetztheit vorstellt, daß Menschen durch innere, psychische Mechanismen gehindert werden, zu sein, was sie sind, zu werden, was sie möchten, zu tun, was sie wollen, zu denken, was sie richtig finden. Immer läuft parallel zu dem, was sie deutlich als berechtigt empfinden, eine Gegenstimme, die sagt: »Aber das geht nicht, aber das darfst du nicht.« Darum ist die beste Übersetzung für »Dämonen« oder »Teufel« im Neuen Testament die von Fridolin Stier. Er spricht von »Abergeistern«, Stimmen, die einzig sagen: »aber. . .« Im Hintergrund muß man sich fast immer einen Vater und eine Mutter denken, die bei allem, was ihr Kind wollte, nicht fanden, es sei falsch, aber aufgrund der Umstände, in denen sie lebten, wußten, es gehe nicht an. Und der einzige Grund, aus dem es nicht anging, war nicht begreifbar der Zusammenhang des Lebens, sondern der Wille der Eltern; er genügte. Das Richtige ist nicht das Richtige, zweimal zwei ist nicht vier, denn: aber man muß Vater und Mutter gehorchen und sie fragen, was richtig ist. Dann zerbricht die Sprache, die Stimme, das Lied, und es verlöscht der Gesang der Seele.

Jesus muß die wunderbare Fähigkeit besessen haben, wenn er mit Menschen redete, ihnen ein Vertrauen zu schenken, daß sie etwas zu sagen hätten, und sie einzuladen, sie sollten sich aussprechen in all dem, was nie jemand hören wollte, sie sollten es freisetzen und mitteilen. Es ist ein Wunder des Zuhörens, der Begleitung, der Duldung, der Annahme, der Bestätigung, zusammenzufassen, was sich da ausdrückt, bis daß der andere merkt: Es war doch gar nicht unrecht, was ich da fühlte und wollte.

Wo immer Sie derlei erleben, spüren Sie etwas von sich ausbreitender Gnade mitten in dieser Welt. Man kann nur dankbar sein für die Grundlagen unseres Lebens, für die Erweiterungen unseres Inneren, für die Öffnung zu allem, was uns umgibt. Wenn irgend wir von Gott her Sprache gewinnen, die stimmt, dann gewiß im Umraum solcher Momente des Wunderbaren, des Heilenden, des Einander-Begegnens.

Würden wir das Evangelium nicht kennen, besser gesagt, würden wir, tiefer verstanden, gewisse Schichten in uns selber nicht kennen, dann müßten wir glauben, alle hätten Grund, auf die Sprache des ehedem Stummen wie die Scharen hier im Evangelium zu antworten: »So etwas Großartiges ist noch nie geschehen in Israel.« Es wäre ein einziger Lobpreis auf den Lippen aller Beteiligten. Die Wahrheit ist: Es wird immer auch trennend, widersprüchlich, zersetzend das »Aber« ringsum in den Institutionen, Organisationen und Gruppierungen geben. Nie ist das Aber nur ein Privatproblem, eine persönliche Verhextheit, immer hat es auch Gründe und Ursachen, die sich im sozialen Umfeld verzweigen.

Die Art des Aber-Einspruchs gegen die Vermenschlichung wird im Matthäusevangelium in den Pharisäern personifiziert. Damit fügt das frühe Christentum dieser Gruppe ein religionsgeschichtliches Unrecht zu. Zu Recht betonen viele Bibelausleger heute mit Nachdruck, daß, wenn im Matthäusevangelium von Pharisäern die Rede sei, bestimmte Zustände in der frühen Kirche (zumindest mit-) gemeint seien. Wie kann das sein, muß man sich fragen, daß ein Mensch im Namen Gottes von Krankheit geheilt wird und es steht eine religiös höchst engagierte Gruppe da und erklärt allen Ernstes: »Dieser Mann aus Nazaret heilt zwar einen Menschen, aber dies geschieht nicht im Namen Gottes, es geschieht im Namen des obersten aller Satane, des

Beelzebul; er ist vom Teufel, weil er einen Menschen gesund macht; mit anderen Worten: im Namen Gottes gibt es eine Pflicht, diesen Stummen und Tauben stumm und taub zu lassen, in ihm wirkt kein Teufel, sondern Gottes Wille, der verbietet, daß er rede; wenn er geheilt wird, richtet sich das gegen den Gehorsam. Dies ist zu lernen: Wahre Religion heißt: Halte den Mund! Und der schlimmste Patriarchalismus und schlimmste Autoritarismus aus Kindertagen hat objektiv recht, ist heiliges Dogma. So hat es zu bleiben, wofür sind wir Pharisäer, Gruppierung der Wissenden, der Ordentlichen, der im Recht Befindlichen? Da ist Menschlichkeit Anarchie und Heilung Frevel.«

Hier geht es um ein Problem auf Leben und Tod, eine Anklage wird hier geführt auf Sein oder Nichtsein, und zur Debatte steht der gesamte Typus dessen, was Gottesdienst heißt. Steht da Gott *gegen* den Menschen, dann ist jede Zwangsstruktur, jede Angststruktur, jede Tyrannei, jede Entfremdung des Menschen im Namen Gottes nicht nur legitim, sondern Pflicht und höchste heilige Satzung. Oder aber es gehört *zusammen,* daß ein Mensch sich ausspricht und daß Gott redet. Dann aber gibt es keine religiöse Gemeinschaft, keine Kirche, keine Synagoge, worin nicht als erstes die Menschen das Recht hätten, den Mund aufzutun und zu sagen, was sie erleben, was sie mitgemacht haben, was sie empfinden, was sie wollen. Das ist Gottesdienst in erster Linie.

Was dürfen Menschen sagen? Haben wir eine Wahrheit von Gott, die fix und fertig ist, die wir nur noch zu verkündigen brauchen, weil sie objektiv stimmt? »Hier ist ein Buch, in dem sie steht, und ihr müßt es nur lesen, es ist ein heiliges, päpstlich anerkanntes, von den Bischöfen verordnetes Buch, und mehr habt ihr nicht zu sagen, weil alles, was zu sagen ist, in diesem Buch steht. Zuhören und ausführen – das ist der Gottesdienst.« Dann sind die Menschen stumm und taub auf immer, es gibt keine ungelösten Rätsel ihres Lebens, keine Fragen ohne Antwort, kein Problem ohne Lösung, keine Tragödie ohne fertige Rezepte, es gibt das ganze Durcheinander des Lebens nicht, es gibt keine Hilflosigkeit, keine Unrettbarkeit, keine Verzweiflung, keine Notschreie, keine Abenteuer, keinen Wagemut – es gibt nur das Schweigen und das Reden richtiger Worte, die nichts besagen, weil sie nicht mehr aus dem Leben stammen, und damit gibt es nur Tod, verbietend, verdrängend, mundzupressend, stimmenerstickend, menschenerwürgend.

Es kann so viel bedeuten, Stummen den Mund zu öffnen. Mein Gott, was hätten wir für eine Kirche, wenn es nicht »Vorgesetzte« und »Laien« gäbe, sondern: Redende. Jeder würde das tun, was die Bibel eigentlich tut. Sie erzählt menschliche Schicksale; die würden vorgebracht, und es wäre unsere Aufgabe, den winzigen roten Faden göttlicher Führung, die kleinen Webfäden eines sich bildenden Vertrauens zu finden. Alles, was Jesus von denen wollte, die er aussandte oder die sich im Zeichen der Nachfolge auf ihn beriefen, hatte nur diese Aufgabe: der Herde, die keinen Hirten hat, den Verlorenen nachzugehen voll Erbarmen. Eine unerhörte Ernte wäre da einzubringen an Leid, an Not, an Suchen, und es gäbe keinen anderen Weg, als zuallererst Laut dem zu geben, was nie gesagt wurde, fühlbar zu machen, was vereist war im Kältewind der Interesselosigkeit und Besserwisserei. Da gäbe es zu arbeiten, durchzugehen, anzupacken, und es wäre ein einziges großes Erbarmen über die Menschen dieser Welt. Sie mögen noch so krank scheinen, sie mögen noch so Falsches tun, an den Menschen zu glauben ist vielleicht das größte Gut, das wir haben. Ich wage zu sagen, daß, wer dies nicht mehr vermag, nicht einmal mehr den Instinkt besitzt, Gott als existierend zu wünschen.

So sieht es aus. Die Religion wird geboren aus der Menschlichkeit, der Glaube aus der Liebe, das Vertrauen aus der Güte und alle Frömmigkeit aus der Art, wie wir miteinander umgehen, am meisten in der Art, wie wir sprechen. Wir müßten, begönnen wir zu verstehen, noch viel zärtlicher, noch viel leiser, noch viel vorsichtiger miteinander reden, mit all denen, die stumm sind und taub. Dagegen war es Jesu Art, sehr laut zu reden mit denen, die hier »die Pharisäer« heißen. Diese Spannung geht durch das ganze Evangelium, und sie gehört zu Jesus: wie man aus Mitleid und Zorn, aus Liebe und Empörung, aus Solidarität und Aufstand einen Sprengstoff schafft, der jede Art von Vergewaltigung des Menschen durch andere Menschen im Namen Gottes zerfetzt für alle Zeiten. Ein solches Evangelium läßt uns hoffentlich als Ratlose zurück, als noch nicht Wissende, als Suchende, Aufbrechende. Denn sind wir dies, dann sind wir eines bestimmt nicht mehr: Pharisäer, die es wagen, Menschlichkeit zu verteufeln. Wohin immer wir dann gelangen, es wird näher bei Gott sein.

Die Speisung der Fünftausend

Als Jesus das hörte, entwich er von dort in einem Boot an einen öden Ort – abseits. Aber die Scharen hörten es und folgten ihm zu Fuß von den Städten her. Als er ausstieg, sah er viele Leute. Da ward ihm weh um sie, und er machte die Elenden unter ihnen heil. Als es Abend geworden, traten die Jünger zu ihm und sagten: Öd ist der Ort, und die Stunde ist schon vorgerückt; entlaß nun die Scharen, daß sie in die Dörfer gehen und sich Essen kaufen. Aber Jesus sprach zu ihnen: Sie brauchen nicht wegzugehen, gebt ihr ihnen zu essen! Und sie sagen zu ihm: Wir haben nur fünf Brote und zwei Fische hier. Er sprach: Bringt sie her zu mir! Und er gebot den Scharen, sich auf dem Gras zu lagern. Er nahm die fünf Brote und die zwei Fische, blickte zum Himmel auf, sprach die Preisung, brach und gab den Jüngern die Brote, die Jünger aber den Scharen. Und alle aßen und wurden satt. Und den Überschuß der Brocken hoben sie auf – zwölf Körbe voll. Die gegessen hatten, waren an die fünftausend Männer, ohne Frauen und Kinder.

MT 14,13–21

Oft stellen wir uns die Wunder Jesu in der Weise vor, daß Christus selber, im Wissen um seine Göttlichkeit und Macht, durch die Städte und Dörfer Galiläas gezogen sei und die eigene Größe wie aus Überfluß zum Heil und zur Besänftigung der menschlichen Not und des menschlichen Leids verschwendet habe.

Es gibt manche Evangelien, die Christus anders zeichnen, in gewisser Weise menschlicher, in gewisser Weise göttlicher. Er, der selber sagte: »Selig sind die vor Gott Armen«, muß ein tiefes Gespür gehabt haben für die menschliche Ohnmacht und Gebrechlichkeit, und er wird sein Leben darauf gegründet haben, zu glauben, daß Gott den Abgrund unserer menschlichen Seele zu schließen vermag, unsere Armut bereichert und unsere Nichtigkeit erhöht.

Als ein reicher Jüngling zu Christus kommt und ihn fragt: »Guter Meister, was muß ich tun, um ins Himmelreich einzugehen?«, sagt Jesus, dem Markusevangelium zufolge: »Was nennst du mich gut? Nur einer ist gut, der im Himmel ist.« So sehr muß Jesus sich jedes Großtun, jede Gefallsucht gradezu verboten haben. Seine Größe war, zwischen der Sonne und den Menschen mit der eigenen Gestalt keinen Schatten zu werfen. Daß er durchsichtig wurde auf das Licht hin, dies muß seine Größe und Göttlichkeit gewesen sein.

Anders jedenfalls wird man dieses Evangelium von der wunderbaren Brotvermehrung schwerlich verstehen. Es beginnt mit einer schweren Erschütterung. Johannes der Täufer, der den Herrn am Jordan taufte, ist durch die Intrigen am Königshof beseitigt worden. Von ihm hatte Jesus gesagt: »Es ist unter allen von einer Frau Geborenen auf Erden niemand größer als er«, denn Johannes redete, wie die Propheten des Alten Bundes, machtvoll, eindeutig und klar. Was sind dies für Menschen, die die Wahrheit zum Teil suchen und, kaum daß sie sie hören, ablehnen und von sich weisen? Was soll man ihnen über den Täufer hinaus noch sagen? Die Erschütterung muß für Jesus so groß gewesen sein, daß er in diesem Moment beschloß, die Einsamkeit fernab von den Menschen zu suchen. Es ist das Eigentümliche, daß sich in diesem Augenblick das Verhältnis Jesu zu uns Menschen in Frage zu stellen scheint. Aber die Leute hören nicht auf, zu ihm zu drängen und ihn zu suchen. Vielleicht ist das das entscheidende Erlebnis, daß es nicht möglich ist, über Menschen gering zu denken, nicht einmal in Anbetracht einer jederzeit möglichen Bosheit, und daß es nicht das Recht gibt, sie zu verachten, selbst angesichts von viel Verächtlichem, das sie tun. Mitleid ergreift den Herrn, als er sie sieht, die Leute da vor ihm. Und so muß es Worte gegeben haben über Johannes den Täufer hinaus, denn so großartig Johannes war, so sehr war es vielleicht falsch, die Menschen auf ihr moralisches, menschliches Vermögen hin anzureden, so als wenn sie gut sein könnten, wenn sie nur wollten. Vielleicht ist es unendlich viel richtiger, die Menschen mitleidig zu sehen und zu bemerken, daß diejenigen, die am meisten Leiden schaffen, selber diejenigen sind, die am meisten gelitten haben, und die am meisten Zerstörung wirken, selber diejenigen sind, die am meisten zerstört wurden. In der Blickrichtung des Mitleids muß Jesus die Worte des Jesaja neu vernommen haben: »Tröstet, tröstet mein Volk. Sprecht zum Herzen Jerusalems ausschließlich freundlich.« Daß jedes Wort der Forderung, des Befehls und der Mahnung verkehrt sei, muß Jesus gelernt haben, daß es aber sehr darauf ankomme, die Krankheit des Menschen zu heilen durch die Zärtlichkeit und Güte der Handauflegung.

Es war am Abend dieses Tages voller Wunder, daß die Jünger, der Alltagslogik folgend, Christus aufforderten, die Leute fortzuschicken. Es ist die normale Art, mit unserer Bedürftigkeit umzugehen. Diese zwingt uns förmlich zu einem verständigen Egoismus. Ihre erste Konsequenz ist: Jeder ist sich selbst der Nächste, jeder sorge für sich selber, jeder achte, wie er durchkommt. Es durchbricht ein Prinzip, wenn Jesus dazu aufforderte, die Leute *nicht* wegzuschicken. Er, der selber bemerkt hat, daß es vor den Menschen in Anbetracht ihrer Not kein Entlaufen gibt, weigert sich, die Menschen mit Blick auf die eigene Armut wegzuschicken.

In der Zeit der liberalen Bibelauslegung hat man das Evangelium von der Brotvermehrung in Übereinstimmung mit vielem, was Jesus sagte und dachte, relativ praktisch auszulegen versucht. Man hat darin die Aufforderung erblickt, daß wir die Engstirnigkeit unseres Egoismus aufgeben und lernen, das, was wir haben, zu teilen. Ein wunderbarer und weiser Gedanke. Denn gäbe jeder von dem, was ihm überflüssig ist, demjenigen, der es unbedingt braucht, es würde auf dieser Welt sehr viel weniger gehungert, gelitten, gefroren und gestorben. Würden wir nur einmal überprüfen, was wir wirklich nötig haben, das Brot für heute, wie es im Vaterunser heißt, es gäbe an unserer Seite auf der Stelle eine ganze Handvoll Menschen, die wir ernähren und kleiden könnten. So dachte Jesus, und so fügt es sich in all das, was er tat und verkörperte.

Und dennoch ist dies nicht die Lehre der wunderbaren Brotvermehrung. Sie besteht nicht darin, den eigenen Überfluß zu entdecken, sie beginnt ganz entschieden bei der Feststellung einer restlosen Armut. Es ist an und für sich ganz unvorstellbar, die Fünftausend mit ihren Frauen und Kindern zu speisen. Dennoch möchte Jesus, daß sich dieses Wunder der Vermehrung inmitten unserer Armut ereignet. Es ist, als ob noch einmal die Tage des Wüstenzuges begännen, da Israel der Knechtschaft Ägyptens entlaufen war und Mose, wenn die Sonne des Abends im Westen versank, nicht wußte, wie er am anderen Morgen das Volk durchbringen würde. Und doch begann jede Morgenfrühe damit, daß Israel von taunassen Steinen das Manna des Himmels suchte, und es lebte jeden Tag aus den Händen Gottes, ohne zu wissen, wie. Dies ist nicht einfach eine Lehre für die Art und Weise, wie wir unsere Lebensnotdurft fristen. Es ist ein Zeichen für das, was uns im Leben wirklich trägt und woraus wir wirklich existieren. Es gibt das Wunder der Witwe von Sarepta, die am Rande des Verhungerns dem Propheten Elija den Rest von ihrem Mehl und ihrem Öl zu essen gab. Der Mehltopf und das Krüglein der Witwe von Sarepta, erzählt das Alte Testament, hörten nie mehr auf, Mehl und Öl zu geben. Wir Menschen könnten so unendlich reich sein, würden wir unsere Hände füllen mit den Gaben des Mitleids.

Aber dies hier, am Abend der wunderbaren Brotvermehrung, ist etwas noch Schöneres. Jesus selber hält in seinen eigenen Händen gar nichts, um die Scharen zu ernähren, aber er tut etwas, was als Möglichkeit jeden Augenblick in uns schlummert. Es ist möglich, den anderen, den selber Hungernden, aufzufordern, er möge uns anvertrauen und geben, was er hat. Er wird sagen, es reiche nicht aus, für ihn selber nicht und für niemanden anderen. Er wird Angst haben, seine eigenen Armseligkeits- und Minderwertigkeitsgefühle ins Feld führen und sich an die eigenen Habseligkeiten klammern. Und doch ist jede wirkliche Beziehung unter Menschen wie ein Sich-Öffnen und wie ein Sich-Mitteilen und Einander-Übergeben im Felde einer Armut, die langsam das Vertrauen lernt. Das Wunder beginnt damit, daß wir gemeinsam den Blick erheben von unserer Armseligkeit fort hinauf zum Himmel. Diese wunderbare Fähigkeit besitzen wir: das Leben des anderen zu berühren wie ein uns anvertrautes Geschenk und es zu segnen mit der Gnade des Himmels oder, noch tiefer, es selber als einen Segen zu entdecken und in ihm selber die Gnade des Himmels aufzufinden. Das Wunder der Verwandlung ereignet sich, indem all das, was der andere uns von seinem Leben in die Hände legt, von uns gesegnet zurückgegeben werden kann an ihn. Und nichts ist dann mehr klein zu achten, gering zu werten, denn wir sehen's mit den Augen Gottes, der wollte, daß wir sind. Und jedes Menschenleben beginnt sich zu verwandeln in einen reichen Überfluß, und das Herz wird weit im Glück des Gefühls seiner Begnadung.

Es ist hier nichts zu zählen, nichts zu verrechnen, obwohl sich am Ende selbst im Bereich des Zählbaren und Sichtbaren alles verwandelt. Man mag am Ende sehen, daß alles viel schöner, viel fruchtbarer, viel nützlicher geworden ist, und man mag darüber sogar eine Statistik anlegen; aber wie es kommt, begreift man nur aus dem Grunde einer Verwandlung aus unserer Armut in den Reichtum des Herzens.

Seit diesem Abend der Brotvermehrung hat das Wunder nicht aufgehört. Jede Messe, die wir feiern, besteht darin, uns Gott in die Hände zu legen im Wissen darum, daß wir nichts besitzen, die Augen zum Himmel zu erheben und unser Dasein zurückzuempfangen als einen Segen. Für die Sinne bleibt das Brot, was es ist, und der Herr verändert nicht seine Gestalt. Aber darunter lebt Gott für uns, und unsere Menschlichkeit beginnt jenseits der Angst, jenseits der Enge, jenseits des Todes Johannes des Täufers. Denn wir werden leben, und die Macht des Todes wird gebrochen sein im Zeichen des Brotes, das sich vermehrt.

Welch eine Kraft in uns gibt es, die uns gegen den Druck von Angst und Not dennoch in den Stand setzt, gut zu sein und Gutes zu tun? Der Gründe zur Verzweiflung gibt es so viele, die uns nötigen, aus lauter Leid uns unserer Haut zu wehren und um uns zu schlagen. Der Gefühle, daß wir bedroht sind und kämpfen müssen, ist oft kein Ende, wenn wir uns umschauen. Welch eine Kraft vermag uns wenigstens für Augenblicke all das vergessen zu lassen und einfach auf den anderen hin zu denken und zu fühlen? Folgt man den Lehrern der Moral, so appellieren sie an unsere Vernunft, an unsere Freiheit und Verantwortung. Menschen sind gut, so meinen sie, wenn sie richtig denken, und also scheint es darauf anzukommen, nach Maßgabe verständiger Urteile im vorhinein zu ordnen und festzusetzen, welche Handlungen an und für sich, objektiv richtig sind und welche falsch sind und wie wir das eigene Denken so gebrauchen, daß wir in jeder Lebenslage verantwortlich zu handeln vermögen. Es ist der Glaube, in dem wir erzogen werden, der uns bestimmt und eigentlich die Grundlage dessen, was wir Kultur nennen, ausmacht. Aber sind wir dabei, ehrlich gestanden, weit gekommen?

Es gab zur Zeit Jesu aus den Tagen der Propheten eine Hoffnung, die sogar in der kleinen Wüstengemeinde von Qumran nicht erloschen war. Diese Sekte konnte voller blutrünstiger Phantasien dem Ende der Welt entgegensehen und Rachegedanken über die Feinde Gottes bis zum Untergang hegen, aber an einer kleinen Stelle ihrer Schriften träumt sie von einem kommenden Hirten, der sein Volk mitleidig führen und sich der Menschen und ihrer Not erbarmen werde. So eng bezogen auf das Volk Israel diese Hoffnung ist, sie verrät doch, daß es in unserer Seele noch jenseits des bloßen Denkens so etwas gibt wie eine nie verlöschende Hoffnung, eine Erwartung gegen alle Angst; und spricht sie sich unmittelbar aus, so warten wir im Grunde auf den Durchbruch eines starken Gefühls von Mitleid und Weitherzigkeit. Es scheint, daß das Evangelium von der Speisung der fünftausend Männer und ihrer Frauen und Kinder diese Vision des Mitleids wahrmachen möchte. Sie möchte sagen, daß die Stunde gekommen ist, in der wir aus einer anderen Haltung und Lebenseinstellung heraus zu existieren beginnen könnten: Wir dürften uns erlauben, mitleidig zu sein.

In der abendländischen Philosophiegeschichte hat allein Arthur Schopenhauer die gesamte Moral und Ethik auf das Prinzip des Mitleids gründen wollen. Er meinte, solange wir objektiv richtige Handlungen gegenüber objektiv falschen Handlungen sortierten, würden wir niemals das menschliche Herz ändern und wir würden ein System der Gefühlsunterdrückung begründen. Zum einen weiß niemand ganz genau, unter welchen Lebensumständen es Gut und Böse als ein für allemal normierbares Verhalten gibt, und jemand, der das Gute einzig auf das Denken gründet, muß im Herzen des Menschen so vieles unterdrücken, daß dabei mehr Verwirrung als Ordnung gestiftet wird. Und das stärkste Argument: Wann eigentlich ist unser Denken wirklich offen und frei, und wann hört es auf, lediglich den hausgemachten Egoismus in vornehme Begriffe zu kleiden?

Mehr als alles andere wissen wir Menschen, was Hunger ist – das Stichwort dieses Evangeliums. Aber was fangen wir damit beim vernünftigen Denken nach der Maßgabe der Verantwortung an? Es stoßen hier im Verhalten Jesu und im Verhalten seiner Jünger zwei Welten aufeinander. Wie die Jünger denken, ist es vernünftig und anscheinend sogar moralisch einzig verantwortlich. Sie befinden sich in einer Lage, in der etwas geschehen muß, in der man aber nicht weiß, was geschehen kann. In dieser Situation sollte gelten: Jeder ist sich selbst der Nächste, und dafür zu sorgen, daß das geordnet stattfindet, ist in sich selbst die denkbar vollkommenste Form der Verantwortung. Statt daß man die Leute noch länger beieinanderhält, muß man sie wegschicken, damit sie sich selber versorgen, weil man für solche Notlage nicht gerüstet ist.

Nach dieser Weise bewegt sich noch heute, selbst mitten im Christentum, all das, was wir Sittlichkeit nennen. Zum Problem des Hungers genügt es, in den letzten dreißig Jahren aufmerksam die Zeitung gelesen zu haben. Denn spätestens seit fünfzig Jahren ist die Menschheit dabei, ins Elend zu stürzen und sich in eine Sphäre der Übersatten und eine Sphäre der Habenichtse zu teilen. Aber was geschieht inzwischen mitten im reichsten Land der Erde, in der Bundesrepublik? Es geht das Gerücht, daß so etwas geschehen müsse wie Hilfe zur Entwicklung der armen Völker. Richtig. Es gibt auch einen öffentlichen Erwartungsdruck der Moral aller. Es *soll* etwas geschehen. Noch besser. Aber was sehen wir, das geschieht? Irgendwann Anfang der sechziger Jahre begann man mit großem Schwung und Optimismus, die Entwicklungshilfe zu einem eigenen Ressort der Politik zu erklären, und man handelte vernünftig und verantwortlich: Kein Bürger sollte und durfte in seiner Hilfsbereitschaft überfordert werden. Also mußte kalkuliert werden, in welchem Umfang wir denn überhaupt imstande sind, verantwortlich zu helfen, wohlgemerkt ohne daß wir uns schädigen und dadurch die Fähigkeit verlieren, zu helfen. Man hat mehr als 25 Jahre gebraucht, um auf ein Entwicklungshilfevolumen von 0,3 Prozent des Bruttosozialprodukts zu kommen. Wir stehen heute bei rund 0,34 Prozent, und die Zahlen sind schon wieder leicht rückläufig, denn, so liest man in den Überschriften unserer Zeitungen, die erste Sorge Bonns ist der Kampf gegen die Armut. Weiß Gott, wir kämpfen in vorderster Front.

Wann endlich jagen wir den Spuk zum Teufel? Es geht dabei eine ganze Weltgrundlage, ein Prinzip der Ethik mit den Bach hinunter, denn es zeigt sich, daß wir mit Vernunft und Verantwortung, den Säulen und Garanten des Ethischen, uns immer nur im Kreise drehen. Wir werden zufolge dieser Logik niemals reich genug sein. Wir haben Millionen Arbeitslose, für die müßten wir zuerst Arbeitsplätze schaffen, und das heißt die Nachfrage steigern. Das bedeutet: noch mehr einkaufen; und das kann man nur, wenn man noch mehr Geld hat. Also werden wir überhaupt erst hilfreich sein können, wenn wir noch viel, viel mehr Geld haben und Geld ausgeben – für *uns* wohlgemerkt. Der Stand der Dinge ist heute, daß 500 Millionen Menschen nicht leben und nicht sterben können, mehr als vierzig Länder total überschuldet sind. Vornehm wenden wir uns grade von denen ab. Mit Brasilien werden wir keine großen Handelsverträge mehr schließen, China, mit mehr als einer Milliarde Einwohner, ist das Land der Zukunft, daran werden wir uns festsaugen für die nächsten Jahrzehnte.

Hat Arthur Schopenhauer nicht ganz recht: Das einzige menschliche Gefühl, das nicht egoistisch ist, müßte zum Grundprinzip der Moral gemacht werden, und dieses Prinzip heißt Mitleid. Es hat den großen Vorteil, unvernünftig zu sein. Es hat vor allem die Kraft, an ein starkes Empfinden anzuknüpfen. Wir könnten uns erlauben, zu tun, was wir im Moment empfinden. Und wir könnten das Denken dazu benutzen, gegen alle Widerstände großherzig zu sein. Manches davon lebt sogar im Tierreich. Delphine können verwundete Artgenossen über Hunderte von Kilometern durch die Wellen tragen. Bei Vögeln und Säugetieren können Elterntiere ihre Jungen in größten Gefahren pflegen und ernähren und gegen Gefahren schützen bis zur Selbstaufopferung. Solche Energien aus Jahrmillionen der Entwicklung des Lebens liegen im Herzen eines jeden von uns. Aber dann müßte es erlaubt sein, dem Gefühl mehr zu trauen als dem Denken, mit dem scheinbar Unvernünftigen zu beginnen, einfach weil wir es fühlen. Und dann ließe sich denken, daß auf dieser leiddurchfurchten Erde Wunder der Barmherzigkeit sich ereignen könnten.

Mitleid hatte Jesus, als er die vielen Menschen sah, und seinen Jüngern befahl er, selber das wenige zu geben, das sie hatten. Würden wir damit beginnen, die ganze Welt sähe heute anders aus. Eines jedenfalls können wir im Christentum nicht länger ohne Heuchelei: das Brot der Liebe miteinander brechen, ohne daß es universell, bis zum Rand der Erde, sich mit denen teilt, die Hunger haben.

Danach ging Jesus weg, jenseits über den See von Galiläa – den von Tiberias. Viele Leute folgten ihm, da sie die Zeichen schauten, die er an den Kranken tat. Jesus aber ging den Berg hinauf, und dort setzte er sich mit seinen Jüngern. Es war aber nahe das Pascha – das Fest der Juden. Als Jesus die Augen hebt und schaut, wie viele Leute zu ihm kommen, sagt er zu Philippus: Wo sollen wir Brot kaufen, daß sie zu essen haben? Das aber sagte er, um ihn zu versuchen; er selber wußte ja, was er zu tun vorhatte. Philippus antwortete ihm: Brot für zweihundert Denare ist nicht genug für sie, damit jeder nur ein bißchen bekommt. Sagt zu ihm einer von seinen Jüngern – Andreas, der Bruder des Simon Petrus: Ein Knabe ist hier; der hat fünf Gerstenbrote und zwei Fische. Doch das – was ist es für so viele? Sprach Jesus: Macht, daß die Menschen sich niederlassen. Es war viel Gras an dem Ort. Sie ließen sich also nieder – die Männer um fünftausend an der Zahl. Jesus nahm also die Brote, sprach den Dank und teilte den Gelagerten aus; desgleichen auch von den Fischen – soviel sie wollten. Als sie dann voll gesättigt waren, sagt er zu seinen Jüngern: Sammelt die überschüssigen Brocken, daß nichts zugrunde geht. Sie sammelten nun und füllten zwölf Körbe mit Brocken – von den fünf Gerstenbroten, die denen, die gegessen hatten, überschüssig waren. Als nun die Menschen sahen, welch ein Zeichen er getan hatte, sagten sie: Das ist wahrhaftig der Prophet, der in die Welt kommen soll. Da Jesus nun wußte, daß sie kommen und ihn gewaltsam entführen wollten, um ihn zum König zu machen, entwich er abermals auf den Berg – er allein. JOH 6,1–15

Was haben wir einander zu geben? Schaut man auf die Not ringsum, wird es niemals genug sein. Irgendwo auf der Straße, im Zug, im Café – versuchen Sie auch nur einen Moment lang einem anderen Menschen zuzuhören, und es bricht in ihm auf, wie wenn lang schon wartende Quellen des Schmerzes und des Leids sich unter dem Gestein freibrächen und diesen Augenblick förmlich gesucht hätten, sich mitzuteilen und sich zu ergießen. Überall ist das so, und die Bibel hat ganz recht, wenn sie sagt: Ohne Ausnahme sind wir Menschen, die wie Kranke auf der Suche sind nach Heilung, Erlösungsbedürftige voller Sehnsucht nach Rettung. Und die Not der Menschen ist grenzenlos.

Was also können wir tun? Es ist ein Gefühl, von dem Johannes meint, es ähnele der Stunde des Paschafestes der Juden: auf der einen Seite ein unerhörter Drang nach Freiheit, nach Weite, nach wirklichem Leben, eine Stunde des Aufbruchs aus Ägypten, dem Lande der Knechtschaft, auf der anderen Seite ein Gefühl, es müsse ein zweiter Mose kommen, ein neuer Mannaregen in der Wüste sei nötig und wir selber seien heimgesucht von aller Art der Angst. Ist es doch so, als ob die Not der Menschen ihr Paschalamm brauchte und wir verzehrt, vertilgt, aufgebraucht würden von der Bedürftigkeit aller ringsum. Was kann man tun?

Wenn wir auf unser Leben nach der Art reagieren, in der man uns gelehrt hat, erwachsen zu sein, werden wir versuchen, Kompetenzen abzustecken, uns zu fragen, über welche Fähigkeiten wir verfügen, was wir mitgebracht haben, wer wir selber sind, was wir können. Wir werden Not gegen Leistung zu verrechnen suchen, und wir werden bald schon bemerken, daß die Bilanz ins Leere gehen muß. Niemals sind wir genügend ausgebildet, ausgerüstet, befähigt. Ist die Not der Menschen grenzenlos, läßt sich scheinbar gar nichts machen, und die Resignation behält das letzte Wort oder auch das Unvermögen, das Sich-Vorbeimogeln und jede Art von Herzensträgheit.

Jesus fragt im Evangelium ganz bewußt seine Jünger: »Wieviel im äußeren Sinn ist nötig?« Und er will es offensichtlich ins Absurde treiben, bis daß auch der Letzte merkt, daß in dieser Logik niemals etwas in Bewegung kommen kann. Es gibt glücklicherweise ein Kind in der Nähe mit nur fünf Broten und zwei Fischen. Alles, was Jesus für uns und von uns wollte, war einzig dies: Wir sollten lernen, das Rechnen und das Zählen dranzugeben und in der Einfalt des Vertrauens und in der Macht eines unmittelbaren Gefühls der Liebe und der Verbundenheit mit aller Not nehmen und darbieten, was wir haben, und wäre es noch so gering und schiene es uns noch so wenig. Wenn wir's nur einzusetzen wagen, wird sich in unserem Leben dieses Wunder immer wieder ereignen, daß unsere leeren Hände einen Frieden zu schenken vermögen, den wir selber vorher noch nicht in uns trugen, daß wir dem anderen einen Reichtum zu vermitteln imstande sind, an den wir mit dem Blick auf uns selber zuvor nie zu glauben wußten. Wenn wir Eltern fragen, wie sie in bezug zu ihren Kindern leben, müßten sie ehrlicherweise oft sagen, daß sie auf viele Fragen keine Antwort haben, daß sie nicht die Vorbilder sind, die die Kinder brauchen, daß sie nicht die Leute sind, die das Leben in geradem Sinne zu führen und zu leiten verstehen – und dennoch genügt es, daß sie sind, wie sie sind. Und es geschehen diese Wunder der Verwandlung aus einer Armut, die wir nur allzu deutlich spüren, in einen bereichernden Austausch mit den Menschen ringsum.

Wie leben Menschen miteinander? Wenn man uns das fragt, müßten wir ehrlicherweise oft sagen: Wir sind nicht gut genug, nicht klug genug, nicht schön genug, nicht liebenswert genug, nicht freudeerfüllt genug, überhaupt: nicht genug. Und dennoch, wenn wir es wagen, in der Kraft des Vertrauens und in der Liebe uns zu riskieren und wegzuschenken, werden wir dieses Wunder der Verwandlung erleben, wie alles zurückkommt zu uns selber, bereichernd, vervielfältigt, vermehrt, indem der andere es annahm. Und es kehrt zu uns zurück, körbeweise wie ein Überfluß in einem Ring des sich bestätigenden und beschenkenden Austauschs. Die einzige Sorge ist am Ende, daß von dem jetzt zählbaren Überfluß nichts verkommen möge, daß man behutsam damit umgeht und nicht gleichgültig und schnöde, sondern dankbar das Brot der Danksagung bricht.

Wie man in den Moment des Wunderbaren eintritt, beschreibt dieses Evangelium im Bild einer Standortveränderung: Jesus begibt sich, bevor dies geschieht, auf einen Berg. Die Kirche deutet das räumlich auf ihre Weise und nennt es Altar und das Brot, das sich wandelt, die Eucharistie. Aber es geht darum, den Berg des Herzens zu besteigen, bis daß unsere Stirn den Himmel berührt. Nicht mehr entscheiden die Forderungen der Umgebung, der Druck der Umstände, die Bilanz des Mißtrauens sich selber gegenüber und der schleichenden Resignation. Es gibt diesen Ort zwischen Himmel und Erde, an dem wir getragen sind, die Erde berührend und den Himmel im Herzen. Diese sonst steinig harte Welt kann sich breiten wie eine sanft daliegende Wiese, wie ein Ort zum Ausruhen, denn wir selber tragen die Ruhe und die Zuversicht in uns. Es gäbe nur eines, was man selbst in der Erfahrung des Wunderbaren unserer Existenz noch einmal falsch machen könnte: daß man Sinnes wäre, das Gutgewordene zu verwalten, zu vermarkten, auszumünzen, indem man es institutionalisiert, organisiert, systematisiert, um es immer »effektiver« zu machen. Man wird dann erleben, daß das Geheimnis stirbt, das Wunder sich entleert. So mag man alles Äußere verwalten, aber so erreicht es nicht den Menschen. Denn wir Menschen leben nicht vom Brot, sondern von der Liebe, die sich wagt. Und ein jeder, für sich allein auf dem Berg seines Herzens, ist ein solches Wunderwerk aus den Händen Gottes, das, wenn es eintritt in den Raum des Vertrauens, in den Raum der Liebe wie ein Kind, alles zu verwandeln imstande ist: Armut in Reichtum, Not in Sättigung, Krankheit in Heilung, Ohnmacht in Glück. Denn alles verwandelt die Liebe.

Lang ist oft der Weg, der von dieser Seite des Sees Genesaret hinüberführt an das andere Ufer, in eine Welt voller Wunder und Zeichen. Solange wir diesseits des Sees von Gennesaret stehenbleiben, erscheint uns die ganze Welt äußerlich und in gewisser Weise vordergründig. Selbst wenn wir dann von Wundern hören, begreifen wir's nicht oder werden gradewegs irritiert. Wie denn, es hätte Gott vor zweitausend Jahren durch die Hände Jesu oder vor 2500 Jahren durch die Hände des Propheten Elischa die Hungernden mit Brot zu sättigen vermocht und ein solches Wunder seiner Macht gewirkt, seither aber täte er nichts dergleichen, ließe die Welt laufen und die Menschen darauf zu Millionen umkommen?

Ein Gott, der Wunder nur wirkt, um seine Macht zu demonstrieren, ist nicht der Vater Jesu Christi. Der Gott, den Jesus uns vermitteln wollte, kümmert sich nicht um den Beweis seiner Majestät vor den Menschen, die im Staube liegen, er läßt sich betreffen von ihrer Not, und deren ist heute ein Übermaß in der Welt, hungern doch 50 Millionen sich zu Tode, jedes Jahr auf dieser Erde in unseren Tagen. Ein Gott, der da alle paar tausend Jahre einmal ein Wunder wirkt, um es ganz klar zu sagen, würde so zynisch und so sadistisch handeln, wie man aus manchen KZ's hörte, daß ein Aufseher eine Zigarettenkippe vor die Füße der Häftlinge werfen konnte, nur um zu sehen, wie sie sich die Köpfe einstießen, um sie zu erhaschen. Dieser Gott ist ein Spuk. Nur daß der Weg sehr lang ist, der uns an der Seite Jesu aus der Vordergründigkeit hinüberführt in die andere Welt, in der Zeichen und Wunder allererst möglich werden und das menschliche Herz ordnen, statt es nur noch mehr zu verstören.

Es geht darum, Platz zu nehmen auf einem Berg und den eigenen Standort so zu verändern, daß wir den Punkt finden, an welchem der Himmel die Erde berührt und wir Gott ganz nahe sind. In der Sprache des Johannesevangeliums ist dieser Berg schon ein Vorausbild auch des Berges von Golgota, denn es geht darum, allen Menschenwillen zu verwandeln in den Willen Gottes und alles Menschenleid nicht vordergründig zu beseitigen, sondern es durchzugehen, bis daß es sich öffnet dem Leben. Das Paschafest der Juden ist wie der rituelle Kommentar und der Kontrast zu dieser sanften Weise Gottes, Wunder in die Welt zu säen. Nicht um die Schlachtung von Opfertieren geht es, sondern um das Leben von Menschen. Wie aber sollen wir leben in Anbetracht von soviel Leid und Not, die uns umringen und immer wieder ohne Antwort und Ausweg zurückzulassen drohen? Fünftausend Menschen warten dort auf Speise, und sie muten uns an wie Verlaufene, die in unverantwortlichem Leichtsinn sich vorgewagt haben in Bereiche, die sie besser nie betreten hätten. Wie versorgt man sie?

Es geht bei dieser Frage nicht einfach nur um das Essen, es geht um jede Art von Daseinsnot, und sie teilt sich mit in unserem Leben in unendlicher Vielfalt. Was geben wir ihnen zu essen?

Diese Frage mag sich eine Mutter stellen, die drei Kinder großzuziehen hat. In unseren Breiten ist es wohl nicht die Schwierigkeit, des Mittags Essen auf den Tisch zu bekommen, aber was ihre Kinder brauchen, überfordert sie vielfältig und oft genug. Die bloße Existenz der Kinder verlangt viel an Zeit, an Geduld, an Aufmerksamkeit, an Einfühlung, an Begleitung, an Da-Sein, an Zeit, im Übermaß oft, und je nachdem ist es viel zuviel, bei jedem Morgenanbruch viel zuviel.

Oder wenn wir in den üblichen Rollenklischees der Berufsverteilungen in unserer Gesellschaft bleiben: Denken wir uns einen Mann, der, wenn er zur Arbeit geht, genau weiß, was auf ihn zukommt: ein Betrieb, der es nicht erlaubt, auch nur den geringsten Fehler zu machen – er hätte schreckliche Folgen –, in dem es keinen Spielraum gibt für eine eigene Persönlichkeit; er verrichtet den Dienst an seiner Stelle nur, solange sein Arbeitsplatz nicht wegrationalisiert wird durch vernünftigere Generationen von Computern, und er soll nichts weiter sein als eine Denkmaschine unter anderen Maschinen, perfekt, nützlich, fehlerfrei und kein Mensch. Doch er hat Nerven, er ist nur eine normale Person, und es ist fast noch von Glück zu sagen, wenn der Fertigungsbetrieb sich nur auf Materialien beschränkt.

Noch schlimmer, wenn wir es direkt und vis-à-vis mit Menschen zu tun haben, mit ihrem Leid und ihrer Not. Was machen wir dann?

Es ist die Frage Jesu an einen seiner Jünger: »Wo sollen wir Brot kaufen?« Immer wenn in der Bibel Gott oder Jesus oder ein Engel die Menschen fragt, geschieht es nicht, damit die Mächte des Himmels Belehrung erfahren, das brauchen sie nicht. Aber für *uns* bedeuten solche Fragen Infragestellungen, nächtelang und jahrelang oft. Wir sind es, die angesichts der menschlichen Ausweglosigkeiten uns diese Frage vorlegen: »Wieviel Geld haben wir im Beutel, und wie geben wir es so aus, daß es ein Stück der Not erreicht? Wie handeln wir verantwortlich? Wie teilen wir die Kräfte ein? Wie gehen wir ökonomisch mit unseren Möglichkeiten um und gestalten sie verantwortlich?« Es ist die normale Art, auf Anforderungen zu reagieren. Wir gebrauchen den Verstand, wir bemühen die Moral, wir engagieren uns und setzen uns ein, und dennoch will Jesus offensichtlich an dieser Stelle nur, daß wir von einer ganzen Denkeinstellung, eben derjenigen, die uns so normal und vertraut ist, gründlich Abschied nehmen, denn jene Fragestellung erweist sich als absurd. Man berechne auch nur das Abendessen von fünftausend Menschen, öffne seine Geldbörse, überschlage den Kaufpreis der Nahrungsmittel, und man muß auf der Stelle erkennen, daß man pleite ist und nichts, es sei denn etwas Lächerliches, den berühmten Tropfen auf den heißen Stein, zur Linderung der Not beisteuern kann. In dieser Sicht moralisch-vernünftiger Verantwortung sind wir bankrott, weil diese Welt nicht vernünftig ist, nicht maßvoll und überschaubar. Sie ist in jeder Menschennot gierig, unersättlich und chaotisch, und solange wir von dem ausgehen, was die Menschen nötig hätten, haben wir nicht einmal den Mut, auf das Ende zu schauen, wir verfügen nicht einmal über die Kraft, den Anfang zu riskieren. Es bliebe nichts weiter als Resignation und Aufgabe.

Jesus möchte offensichtlich, daß wir das spüren, so klar wie zwei mal zwei gleich vier ist. Er will offenbar, daß wir den Weg von dem einen zum anderen Ufer des Sees von Tiberias innerlich mitgehen und daß die äußere Bewegung sich innerlich einholt. Was aber dann? Vor kurzem sagte mir ein Mann, der in der Öffentlichkeit tätig ist: »Ich habe jeden Tag mit Hunderten von Menschen zu tun, und sie werden mir schon lange viel zuviel. In Wahrheit fliehe ich alle Menschen. Ich komme mir vor wie auf einem russischen Schlitten, hinter dem die Wölfe herjagen, und das, was ich tue, ist immer nur ein Abwerfen von Nahrungsresten, um die Wölfe in der Verfolgung aufzuhalten, aber sie kommen immer näher. Was läßt sich tun?«

Das Evangelium erzählt davon, daß es irgendwo in der Schar der fünftausend Leute einen kleinen Jungen mit fünf Gerstenbroten und zwei Fischen gibt. Er ist plötzlich die Gestalt der Verwandlung der Welt. Dieser kleine Junge verkörpert genau das, worauf wir nie kommen, solange wir uns von Verantwortung und Pflicht und Klugheit nach Erwachsenenmaßstäben voranpeitschen lassen. Dieser kleine Junge weiß keine Antwort für die fünftausend Leute, beileibe nicht. Würden wir ihn fragen, so könnte er nur lachen. Das einzige, was er hat, reicht in etwa aus für ihn selber und vielleicht noch für seine Geschwister. Aber es gibt in uns immer auch diesen kleinen Jungen, der nicht weiß, wie es weitergeht, und trotzdem das bißchen, das er hat, in die Waagschale legt. Was auch sonst ließe sich tun, als daß wir mit dem bißchen, das wir sind und vielleicht doch können, uns riskieren und einbringen? Das bißchen an gutem Willen, an Mitgefühl, an Bereitschaft, zu verstehen, und an Offenheit können wir dem anderen schenken. Das ist das Entscheidende, daß uns nichts vom Schlitten von knurrenden Wölfen weggebissen oder nur als Notgabe abgefordert wird, sondern daß wir lernen wie ein Kind, hinter dem zu stehen, was wir tun. Und was wir dann schenken, wirkt möglicherweise Wunder, weil wir es selber sind.

Jene Frau mit den Kindern hat keinen besseren Einfall, liest ihn jedenfalls nicht aus dem nächsten pädagogischen Handbuch sich an, aber sie hört vielleicht auf, sich als drangsaliertes Opfer zu fühlen, denn solange es so bleibt, bekommen ihre eigenen Kinder beim besten Willen nichts als Schuldgefühle, spüren deutlich, daß die Mutter, selbst wenn sie eine Stunde bei den Kindern ist, am liebsten schon nach fünf Minuten weggewollt hat; ist aber die Mutter auch nur fünf Minuten innerlich wirklich dabei, schenkt sie den Kindern mehr als in der abgezwungenen Zeit, in der sie gar nicht wirklich lebt. Und so in allen Bereichen.

Das bißchen, das wirklich von uns stammt und das wir freiwillig geben, genügt objektiv nicht, aber womöglich wollen die Menschen, mit denen wir umgehen, gar nicht unsere Werke und Erzeugnisse und Leistungen, sondern nur ein Stückchen von uns selber. Und das freilich wirkt oft Wunder und genügt, wo wir's kaum für möglich halten. Kann es nicht sein, daß wir am Ende Menschen einen Frieden zu geben vermögen, den wir selber bis dahin nicht hatten, und ihnen durch die Bereitschaft, auf sie zuzugehen, ein Glück zu schenken vermochten, das wir selber bis dahin so noch nicht kannten?

Es gibt diese Wunder der leeren Hände: daß wir anderen Menschen zu schenken vermögen, worauf wir selber nie zählen durften und was am Ende zu uns zurückkommt, reich und über die Maßen. Es kommt darauf an, in die Hände Gottes das wenige zu geben, das wir sind. Und dann ist es möglich, Ruhe zu finden an dem Ort, wo »viel Gras« war. Man hört dies vor dem Hintergrund des Psalms 23, wo es von Gott heißt, er sei wie ein Hirte, der seine Schafe zu Wassern der Ruhe führt und sie auf grüner Au lagern läßt. Gradeso hier. Es ist das Ende einer Welt der Daseinsnot und der Gier. Was wir brauchen, sind nicht Stücke zum Beißen, sondern Menschlichkeit, die von innen ausfüllt. Sehen wir in diese Welt, könnte es sogar sein, obwohl sich's nicht versprechen läßt, daß am Ende die äußere Not überwunden ist vom anderen Ufer des Sees von Tiberias her.

Solange ich denken kann, lese ich kluge Kommentare darüber, wie man die Not in den Ländern der Dritten Welt beheben könnte, wieviel Reichtum wir brauchen, um richtig zu teilen, wieviel Verdienst nötig ist, damit wir verantwortlicherweise etwas abgeben können. Man sieht nur, daß sich die Spirale des Elends immer blutiger in die Geschichte hineindreht. Würden wir die kleinen Kinder in uns reden lassen, die leisen Stimmen des Mitgefühls, der Barmherzigkeit, des Verstehens, wir wären mit einemmal imstande, all die vernünftigen Schranken niederzulegen, und wir wären ganz nahe bei Christus, als er sagte: »Wenn ihr nicht werdet wie die Kinder, werdet ihr Gott niemals verstehen.« Und man darf hinzufügen: »Ihr werdet nicht einmal die Chance haben, zu euch selber zu gelangen.« Was machen wir aus uns, wenn wir mit zweihundert Denaren rechnen in einer Welt, die so verrückt ist wie diese? Aber wie wunderbar und weitherzig könnten wir leben vom anderen Ufer! Damit ist kein Staat zu machen, es hat keinen Sinn, Jesus auszurufen als den größeren Elischa, als den zurückgekehrten Propheten, als den zukünftigen Kaiser der Welt. Nach dem Kaiser, der zur Zeit Jesu lebte, nach Tiberius, hat man grade diesen See voller Wunder benannt. Die Wahrheit ist, daß die Menschlichkeit Gottes im verborgenen wirkt, in der Stille des Berges, der den Himmel mit der Erde verbindet und unser menschliches Herz mit dem Vater Jesu Christi. Diese Berge an der anderen Seite des Sees nennen wir heute Altäre. Auf ihnen geben wir das wenige, was wir haben, und hoffen auf die Verwandlung der Welt und beten jedesmal bei dem Akt, den wir Gabenbereitung nennen und der uns äußerlich so leicht fällt, innerlich aber so schwer ist: »Herr, nimm unsere Gaben, die wir dir darbringen, als Zeichen dafür, daß wir nichts besitzen. Nimm sie als Bild und Ausdruck unseres Wunsches nach Verbundenheit mit dir und miteinander als Schwestern und Brüder.«

Der Seewandel Petri

Und gleich nötigte er die Jünger, ins Boot zu steigen und ihm zur Jenseite vorauszufahren, derweil er die Scharen entlassen wollte. Nachdem er die Scharen entlassen hatte, stieg er auf einen Berg – abseits, um zu beten. Es war Abend geworden, als er immer noch allein dort war. Das Boot aber hatte sich schon viele Stadien vom Land entfernt, gequält von den Wogen; denn gegenwehig war der Wind. In der vierten Nachtwache aber kam er zu ihnen, einherschreitend auf dem See. Wie die Jünger ihn auf dem See einherschreiten sahen, gerieten sie durcheinander und sagten: Ein Gespenst ist es! Und sie schrien vor Furcht. Aber gleich sprach Jesus sie an und sagte: Faßt euch! Ich bin es. Ängstet euch nicht. Da hob Petrus an und sprach zu ihm: Herr, wenn du es bist, befiehl, daß ich über die Wasser zu dir komme. Er sprach: Komm! Da stieg Petrus aus dem Boot, schritt über das Wasser hin und ging auf Jesus zu. Doch als er den starken Wind erblickte, befiel ihn Furcht. Und da er zu sinken begann, schrie er und sagte: Herr, rette mich! Gleich streckte Jesus die Hand aus, ergriff ihn und sagte zu ihm: Kleingläubiger! Warum hast du gezweifelt? Und als sie ins Boot gestiegen, erlahmte der Wind. Die im Boot aber verneigten sich tief vor ihm und sagten: Wahrhaftig, Gottes Sohn bist du. MT 14,22–33

Im Anschluß an eine Vorlesung kam vor einiger Zeit ein katholischer Geistlicher zu mir und fragte: »Was halten Sie von den Wundern Jesu?« Ich sagte: »Ich glaube an die Wunder Jesu. Die Welt ist noch heute voll von ihnen.« Er sagte: »Das will ich nicht wissen. Glauben Sie zum Beispiel an den Seewandel des Petrus?« Ich sagte: »Ganz sicher glaube ich an den Seewandel Petri.« »Nein, ich bin bei Ihnen nicht sicher. Meinen Sie das symbolisch oder wirklich?« Ich sagte: »Ich glaube, daß die symbolische Wirklichkeit die einzig wirkliche Wirklichkeit ist.« »Dann glauben Sie also nicht?« sagte er. Das ist die Frage: Woran glauben wir wirklich?

Es gab den April 1945, und die Älteren unter Ihnen können sich daran erinnern. Mehr als 12 000 Menschen waren versammelt, zusammengepfercht auf der »Wilhelm Gustloff« in der Ostsee, als sie von russischen Torpedos versenkt wurde. Dasselbe Schicksal traf 7000 Menschen auf der »Goya«, 3000 Menschen auf der »General von Steuben«. Was soll man daraus lernen? Ein unsinniges Christentum, das darin besteht, zu glauben, daß Gott, wenn er will, uns diese Art von Tod ersparen kann oder daß wir, wenn wir nur tapfer glauben, übers Wasser gehen können, unerachtet feindlicher Torpedos. Ist das der Glaube, den wir haben müßten? Etwas anderes kann man lernen, wenn schon nicht aus der Bibel, dann vom April 1945 und all den Ereignissen, die ihm ähnlich sind: daß die Welt ein Abgrund ist.

Man geht an irgendeinem Strand entlang, am Saum des Meeres, und jede Flut wirft Leben aus, wie wenn sie im Übermaß davon hervorbrächte und sich der Überzahl entledigen wollte. Sie hat keinen Grund, mit uns Menschen anders zu verfahren, sie bringt uns hervor, aber sie meint uns nicht. Und schon dieser Eindruck ähnelt einem Abgrund unter unseren Füßen. Aber noch schlimmer ist das menschliche Herz; es kann noch mehr einem offenen Rachen gleichen, und der menschliche Haß, der die Furie des Krieges peitscht, kann schlimmer und schrecklicher sein als die Wogen der Ostsee.

Wie schützen wir uns vor dem Abgrund? Für gewöhnlich, indem wir ihn nicht betrachten und die Maßstäbe im Alltag und im gewöhnlichen Leben so kurz wie möglich halten. Gegen das Meer baut man Deiche, gegen die Angst sichert man sich, indem man der Ahnung von der Unendlichkeit, dem Wissen um das Abgründige Schranken des Denkens entgegensetzt.

Man spricht mit Leuten über die Grenzenlosigkleit der Zeit im Kosmos, über die ungeheuren Ausmaße der Natur, und man darf sicher sein: man wird Angst und Schrecken verbreiten. Es ist etwas, bei dem einem unbehaglich wird und das man gern vermeidet. Man spricht über die riesigen Ausmaße der Zeit, die es gebraucht hat, unsere menschliche Art hervorzubringen, und das ist zuviel für unser Vorstellungsvermögen. Schnell möchte man zurückkriechen hinter die Deiche, in die Maßstäbe unserer alltäglichen Existenz. Aber was wird aus der Ahnung um die Unendlichkeit, wenn wir den Blick vor ihr verschließen? Man kann das menschliche Leben reduzieren, und man wird am Ende nur noch die paar Jahre übrigbehalten, die unsere irdische Existenz ausmachen. Aber wird dadurch das Leben ruhiger, wie es sollte? Ganz im Gegenteil. Man wird sich um so hektischer mit der Energie des Unendlichen, die in unserem Herzen liegt, an diese paar Jahrzehnte klammern. Und dann beginnt die wahre Grausamkeit. Sie tobt sich aus im Inneren der menschlichen Seele.

Auch vor dem Abgrund des menschlichen Herzens kann man sich schützen. Vor jeder wahren, lebendigen Energie kann man sich abriegeln durch bestimmte Satzungen, Gebote und Weisungen. Vor jeder wirklichen Leidenschaft kann man sich hüten und zurückkehren ins bürgerliche Durchschnittsmaß. Vor jeder starken Energie der Tiefe kann man händeringend auszuweichen suchen, und wenn unser Leben schließlich einer Nußschale von Boot gleicht, das dahintreibt auf den Fluten des Ozeans, halten wir's schließlich für das einzig mögliche Leben.

Vor etwa hundert Jahren war's, als Theodor Fontane seine Romane schrieb, traurige Romane, die alle nur darin bestehen, zu zeigen, was aus unserem menschlichen Leben wird, wenn man es abriegelt gegen das Meer, gegen die Tiefe, gegen die Flut. Es ist schließlich ein Leben, das völlig durchgeordnet ist nach den Vorstellungen preußischer Standesordnung, preußischer Moralauffassung, preußischer Tugenden, ohne Ausnahme, ohne Abweichen, ein Leben, in dem es eigentlich nur eine einzige Gefahr gibt: die Liebe. Man kann heucheln, man kann seelisch verkümmern, man kann krank werden, man kann sich erschießen – alles das verträgt die Ordnung, nur die Liebe nicht, das Glück nicht, die Weite des Herzens nicht, die Freiheit nicht – man sitzt im Boot. Am Ende wird das, was uns erlösen könnte, zu einem Alptraum, das, was uns vom anderen Ufer her begegnet, zu einem Gespenst, das uns Angstschreie abnötigt, weil wir's nicht für möglich halten.

In Wirklichkeit gibt es nur einen einzigen Weg, uns vor dem Abgrund zu schützen, und ihn beschreibt das Evangelium symbolisch und in Wirklichkeit in der einzigen Art von Glauben, die zählt: daß wir die Sicherungen vor dem Unendlichen, vor dem Abgründigen aufgeben und unser Leben wagen.

Wie sollen wir dies anfangen? Wie sollen wir unsere bürgerliche Existenz verlassen können, unsere Sicherungen im Äußeren, mit denen wir uns zu schützen trachten? Das Evangelium meint, daß es etwas zu entdecken gilt: Das, wovor wir Angst haben, ist in Wirklichkeit das, worauf wir hoffen können. Das, was wir fürchten wie einen Alptraum, sind im Grunde unsere alten Wunschträume. Das, was wir verdrängt haben, was aber in unserer Seele lebt, was uns wiederbegegnet in den Nächten und wovor wir uns zunächst fürchten, das gerade ist es, was uns ruft und aufstehen läßt, worauf wir zugehen dürfen.

Im Leben eines jeden Menschen gibt es diesen Wunschtraum der Ewigkeit, dieses Bild einer ewigen Gestalt, die auf uns zukommt wie vom anderen Ufer her. Gegen die Macht des Sturmes, gegen den Strudel der Angst gilt es, diese Stimme zu hören, die uns sagt: »Fürchte dich nicht, habe keine Angst.« Und damit sie glaubwürdig ist, muß sie sich selber zu erkennen geben in einem Namen, einem Wort, das in uns lebt und wachgerufen wird. Weder indem wir die Macht vermehren noch indem wir den Besitz vermehren, den Einfluß vergrößern, die Medizin oder die Rentenversicherung oder die Krankenkasse oder was immer sonst beschwören, schützen wir uns vor irgend etwas Wirklichem im Leben. All dies trägt nicht und wird nicht tragen. Aber dieses Bild des Evangeliums ist wahr: Die Liebe trägt. Da, wo wir durch den Wellengang und durch das Sausen des Windes uns zutiefst angesprochen fühlen, beginnen diese Welt und unser Herz tragfähig zu werden.

Man mag es für eine fast irrwitzige Probe halten, aber es ist das einzig Richtige, daß Petrus zum Herrn sagt: »Wenn du es wirklich bist, befiehl mir, daß ich übers Wasser gehe.« Anders ist es gar nicht möglich, als daß wir das Leben riskieren. Und anders wiederum glauben wir Christus nicht wirklich und der Macht der Liebe nicht wirklich, als indem wir's wagen. Der Sturm hört nicht auf, die Wellen werden sich nicht ändern, augenblicklich können die Winde das Flüstern anderer Menschen wiedergeben, und hören wir ihre Stimme, beginnt ihre Macht ins Ungeheure zu wachsen, weil unser Herz immer ängstlicher und immer kleiner wird. Es ist möglich, wenn wir übers Wasser gehen, daß wir die Widerstände, die Hindernisse, die

Wogen verschlingend groß erleben. Aber dieses Evangelium vom Seewandel Jesu und vom Heraustreten Petri aus dem Boot beginnt, wie wenn's die Ouvertüre wäre, mit dem wunderbaren Bild, daß Christus nach der Brotvermehrung die Menge wegschickt, weil ihm am Urteil der vielen überhaupt nicht gelegen ist. An Einzelnen und wie sie leben, liegt Christus, nicht am Volksauflauf, nicht an der Massenbefragung der sechstausend Sattgewordenen, nicht an der Durchschnittsmeinung und der Mehrheitsbildung, aber daran liegt ihm, wie sich ein Menschenherz beruhigt gegen die Angst.

Es ist mit Bezug auf Christus zu lernen, daß es sich nicht lohnt, sich vor irgend etwas Wirklichem zu schützen. In dem Moment, wo Christus die Kleingläubigkeit des Petrus beim Namen nennt und ihm zugleich die Hand entgegenstreckt, ihn festzuhalten, in grade dem Moment hört der Wind auf. Es ist, wie wenn es ihn nicht gäbe. Denn es gibt nur eine Macht in unserem Herzen, die die Angst überwindet: das Vertrauen und den Glauben, den die Liebe schenkt. In dem Moment finden wir auch zurück ins Boot, in die eigentliche Existenz, in das Leben während der sechzehn Stunden am Tag, die wir einigermaßen wach sind und das zu bewältigen glauben, was wir die Realität nennen. Das Geheimnis des Seewandels Jesu ist, daß wir selbst in der äußeren Form unseres Daseins nur Bestand haben können, wenn wir zurückkehren, aus der Unendlichkeit gerettet für die Ewigkeit. Das wahre Wunder unseres Lebens ist das einer Begegnung, die trägt, über die Zeit hinweg ins Unendliche. In dem Moment, wo Christus mit Petrus ins Boot kommt, sagt das Johannesevangelium, war das Boot am Ufer des Landes, auf das sie zufuhren. Und es ist schließlich keine Grenze mehr zwischen Diesseits und Jenseits, zwischen dem Leben in der Zeit und dem Leben in der Ewigkeit. Es gibt nur eine einzige Form, zu sein: in der Wahrheit und in der Liebe. Dieses Wunder ist es, was wirklich ist, was sich immer ereignet. Es mögen Schiffe untergehen, und es mögen Menschen sterben, die Wahrheit und die Liebe werden niemals sterben. Und wir Menschen sind berufen, es zu leben. In alle Ewigkeit werden wir leben dürfen. Und die Welt hört auf, zu sein wie ein Mund, der verschlingt. Sie ist eine Brücke, über die wir gehen, gemeinsam zu Gott.

Eine wunderbare Gabe unserer Seele ist die Fähigkeit zu träumen. Jede Nacht erscheint vor dem Auge unseres Geistes eine Gegenwelt zum Alltag mit einer eigenen Logik und einer Gegengesetzlichkeit zu allem, woran wir in unserem Bewußtsein uns festzuhalten versuchen. Szenen der Angst, wie wir sie am Tage nicht zu sehen wagen, aber auch Bilder der Antwort und des Vertrauens ruhen in diesen verborgenen Tiefen unserer Seele, die in der Nacht aufsteigen wie ein befruchtendes Wasser, das aus einer Quelle in ein nur wenig bewässertes Land sich ergießt.

Nach der Art solcher heilenden und verdeutlichenden Träume wird man die Szene vom Seewandel Jesu und vom Gang des Petrus über das Wasser verstehen müssen. Es ist keine Geschichte der äußeren Erinnerung an das Leben Jesu; es ist vielmehr der Versuch, Jahre danach sich von innen her von der Person Jesu, wie man sie erlebt und geglaubt hat, Wahrheit sagen zu lassen, die man mit dem Verstande niemals finden würde. All die Bilder dieser Szene wird man als Symbole nehmen müssen, die zeigen, wie wir selbst uns fühlen. Ist nicht unser Leben oft genug wie eine nicht enden wollende Nacht? Die Zeit dehnt sich bis zum Morgengrauen und will nicht vergehen; wir selber aber mit unserem Leben wissen nicht ein noch aus, der Wind steht uns entgegen, und wir können noch so tapfer an den Riemen sitzen, das Gefühl vergeht nicht, daß wir einfach nicht vorwärts kommen. Es ist aber dieser Stillstand selber aufs äußerste bedrohlich, denn es gibt nichts, was wirklich trägt – das Leben als Abgrund, als Meer, als Wüste, die sich bis zum Horizont breitet und jederzeit imstande ist, uns spurlos ins Nichts zurückzureißen. Was trennt uns vom Abgrund Meer außer vielleicht einem Zoll Bordwand, mühsam gezimmert und gegenüber jedem wirklichen Ansturm zerbrechlich und labil? Was ist zu tun, wenn wir uns so fühlen? In der Logik des Tages müßten wir die Energien und den Einsatz zu vermehren trachten, wir müßten noch einmal den Kurs überprüfen, das Steuerruder in Ordnung bringen und alle Kraft der Mannschaft zum Rudern und Segeln einsetzen. Aber wenn man das alles versucht hat und es hat nicht geholfen?

Es gibt diese Wahrheiten tief aus dem Inneren unserer Seele, und es ist eine wunderbare Erfahrung, die nicht nur die Jünger im Umgang mit Christus zu machen vermochten, sondern die allgemein gilt. Selbst die Träume unserer Nächte werden anders sein, je nach der Art, wie wir die Menschen erleben und ob es neben uns Personen gibt, denen wir wenigstens ein Stück Vertrauen entgegenzubringen vermögen, ober ob es solche Personen gar nicht mehr gibt. Es ist für die Jünger, um diese Vision von der Gestalt Jesu über den Wassern sehen zu können, ungeheuer wichtig, daß sie das Bewußtsein davon nicht verloren haben, daß am Festland, dort wo die Erde Halt bietet, auf dem Berge, wo der Himmel die Erde berührt, Jesus weilt, versunken im Gebet. Es gibt dieses Zentrum und diesen Ort in der Nähe der Person Jesu, wo die Angst vergeht und die Menschen Halt gewinnen. Es ist nur die Frage, wie dieses Wissen herüberkommt und wie es zu unserem oft so geängstigten Dasein hingelangt. Kann es nicht sein, daß das, was uns retten könnte, wenn wir ihm begegnen, uns buchstäblich spukhaft erscheint, als absolut absurd, wenn wir versuchen sollten, uns darauf einzulassen, und selbst das, was wir eben noch zu wissen geglaubt haben, uns verzerrt und unheimlich entgegenkommt? Grade so in diesem Evangelium die Gestalt Jesu. Sie ist für die Jünger etwas geradezu Ungeheuerliches, sie bedeutet eine Antwort auf unsere Angst, eine Antwort, deren wir am Tage niemals fähig sind: »Klammert euch nicht noch mehr im Boot fest, sondern im Gegenteil, laßt all das, was ihr sonst für Halt gehalten haben mögt, endgültig fahren. Setzt euch noch viel mehr aus. Übergebt euch ganz und riskiert vorbehaltlos den Wind und die Wellen, ungeschützt.«

Kann man das wagen? Nach unserem Denken der Vernunft um keinen Preis, in der Botschaft unserer Träume, so wie wir sie von Jesus her zu träumen wagen dürfen, unbedingt. Wir werden immer wieder Gelegenheiten haben, festzustellen, daß wir die wirklich großen Gefahrenmomente unseres Lebens nicht vermeiden können. Irgendwann *hat* das Meer unseres Lebens keine Balken, irgendwo gibt es Ausgesetztheit und Gefährdung, der wir nicht entlaufen können, und dennoch ist es möglich, mit dem Blick auf Christus, die Augen unverwandt auf die Gestalt gerichtet, die uns vom anderen Ufer her entgegenkommt, diesen Abgrund des Lebens zu wagen und wie traumwandlerisch hinüberzugehen. Wir brauchen nur einen Moment lang von der Person abzusehen, die da sagt, so wie sonst nur Gott spricht: »Ich bin«, wir brauchen nur einen Moment lang wegzuschauen und den Andrang der Wogen und das Brausen der Wellen wahrzunehmen, und wir werden im Kessel der Angst immer weiter hinabgezogen.

Was ist der Glaube anders, als hinwegzuschreiten über die Wasser der Angst und des Todes, unverwandt blickend auf den Herrn? Wir werden dann erleben, daß wir zu dem bißchen, an das wir uns ursprünglich klammern wollten, heil zurückfinden. Und wir werden vor allem erleben, daß sich der Sturm beruhigt, der Gegenwind aufhört und eine Stille eintritt.

Was sich die frühe Kirche wenige Jahrzehnte nach dem Tode und der Auferstehung Jesu sagen mochte, sei dahingestellt. Aber es gilt im Leben eines jeden Einzelnen genauso wie im Leben der Kirche als ganzer: Im Blick auf Jesus lohnt keine große Angst mehr die Antwort durch Festklammern, Sich-Zusammenkrümmen und Sitzenbleiben, denn es ist möglich, die Grenzen, die wir für Halt erachtet haben, zu übersteigen und den Fuß zu setzen auf das nie Begangene und scheinbar Unbegehbare.

Die Syrophönizierin und ihre Tochter

Dann zog Jesus weg von dort und wich aus in die Gegend von Tyrus und Sidon. Und da! Eine kanaanäische Frau aus jenem Gebiet kam gelaufen, schrie und sagte: Erbarme dich meiner, Herr: Sohn Davids! Meine Tochter wird von einem Abergeist übel besessen. Er aber antwortete ihr kein Wort. Da traten seine Jünger heran, baten ihn und sagten: Entlaß sie, sie schreit ja nur hinter uns her! Er aber hob an und sprach: Gesandt bin ich nur zu den zugrunde gegangenen Schafen des Hauses Israel. Sie aber kam heran, verneigte sich tief vor ihm und sagte: Herr, hilf mir! Er aber hob an und sprach: Es ist nicht recht, das Brot der Kinder wegzunehmen und es den Hündlein hinzuwerfen. Sie sprach: Ja doch, Herr! Denn auch die Hündlein essen von den Bröseln, die von den Tischen ihrer Herren fallen. Daraufhin hob Jesus an und sprach zu ihr: O Frau, groß ist dein Glaube! Es geschehe dir, wie du willst! Und geheilt war ihre Tochter seit jener Stunde.

MT 15,21-28

Manche gibt es unter den Gläubigen, die sich das Gebet im eigenen Interesse aus einer Haltung der Einsicht und des Schamgefühls verbieten. Es paßt nicht in ihr Weltbild, noch zu glauben, daß die Natur draußen sich nach ihren eigenen Wünschen richten würde, wenn sie nur Gott inständig darum anflehen wollten, und in diesem Sinne halten sie sich selber nicht für würdig, Ausnahmen vom großen Gang der Welt zu reklamieren. Aber gerade diese Leute sind es meistens, die in einem einzigen Fall kaum müde werden zu beten: wenn irgendein Mensch, den sie lieben, in Not gerät. In diesem Fall wird man beten *müssen*. Denn es gibt Grenzen dessen, was wir füreinander tun können. Es gibt Schranken gegenüber unserer noch so gutgemeinten Fürsorge. Es gibt Formen der Not, wo wir einander äußerlich nicht beistehen können. Und dennoch werden wir in der Liebe nicht aufhören, miteinander zu sein und miteinander zu gehen. Dann ist das Gebet die tiefste Weise, einander zu versichern: »Wir werden voneinander nicht lassen in Zeit und Ewigkeit.« Und so ist das Gebet unbedingt wahr, richtig und gut. Denn es übt jetzt schon ein, sich in die Ordnung Gottes zu fügen, bei dem die Liebe ewig ist und ohne Schranken und kein irdisches Gesetz sie hindern wird.

Die Frau aus dem Gebiet von Tyrus und Sidon betet in gewissem Sinne irdischer, gezwungener, getrieben von Not. Denn sie liebt ihre Tochter, die besessen ist, das schlimmste Leiden, das im Herzen eines Menschen vorstellbar ist. Es bedeutet, daß die Verständigung miteinander zusammenbricht, daß das Verständnis füreinander aufhört, daß es nicht mehr möglich ist, hinter den Äußerungen die Seele des anderen wirklich wiederzuerkennen. Sie ist der Wahrnehmung entzogen unter einer fremden Einflußmacht. Diese Zonen der Unheimlichkeit gibt die Bibel wieder mit dem Wort »Dämonie«.

Diese Frau wendet sich bedingungslos an Christus und ist durch nichts zurückzuweisen. Angetrieben von ihrer Fürsorge für ihre Tochter, läßt sie sich nicht als lästig fortjagen. Sie wagt es, jede Art von Demütigung in Kauf zu nehmen, und sie entäußert sich bis zu einer Art von Flehen, die man hündisch nennen müßte, sähe man nicht darin die Größe ihrer Menschlichkeit. Während wir sonst gewöhnt sind zu beten, wie das Vaterunser es uns nahelegt: »Dein Wille geschehe, Herr«, geschieht es an dieser Stelle des Neuen Testamentes wie in einer phantastischen Ausnahme, daß sich die Ordnung umkehrt und Christus sich förmlich zwingen läßt bis dahin, daß er sagen muß: »Dein Wille, Frau, geschehe.« So mächtig können die Bande der Liebe im Gebet sein.

Dennoch, immer wenn man dieses Evangelium hört, wird man sich fragen müssen, was sich eigentlich ereignet im Wunder dieser Heilung. Jesus spricht doch nur mit dieser Frau, deren Tochter weit entfernt ist von diesem Dialog in einer Mischung aus Zurückweisung, Verzweiflung, Hoffnung und Erfüllung. Wie ist es möglich, daß die Frau zurückkehrt, bestärkt von Christus, und ihre Tochter als geheilt vorfindet?

Man könnte denken, daß der Ursprung der Heilung wesentlich in dieser Frau selber liegt, und müßte dann den Schluß ziehen, daß vielleicht im psychologischen Sinn auch die Ursache der Krankheit ihrer Tochter in dieser Frau selber gelegen ist. Von ihrem Mann hört man gar nichts, sei's, daß er verstorben ist, sei's daß er sich um die Familie nicht kümmert, sei's daß er besser außer Betracht bleibt. Auf den Schultern dieser Frau ruht offenbar alles, ihre ganze Not und ihre ganze Zuversicht. Sollte es da so abwegig sein, zu denken, daß gerade dieses Verhältnis der Frau zu ihrer Tochter mitten in ihrer Fürsorge und Obhut den Grund auch für alle Verwirrungen des Herzens legt, daß gerade die Unbedingtheit, mit der diese Frau ihre Verantwortung und Fürsorge wahrnimmt, die Schwierigkeiten, Herzensverstörungen und Ängste allererst bewirkt hat, mit denen sie schließlich selber wie mit einem fremden Dämon nicht mehr umzugehen weiß?

Leicht kann man sich eine solche Beziehung zwischen Mutter und Tochter vorstellen, indem eine Frau sich an ihr Kind als an ihr Einziges, als an ihr Ergänz-mich-Kind klammert. Dieses Kind ist ihre Zukunft, ihr Stolz, ihr Ehrgeiz, ihre Hoffnung, ihre Stütze und ihr Trost, aber andererseits Gegenstand ihrer Unruhe, ihrer Angst, ihrer Not. Das Kind möchte spielen, draußen auf der Straße, das darf es nicht, es ist gefährlich, nach draußen zu gehen, ohne daß Mutter auf es aufpaßt. Was lernt man nicht alles bei anderen Kindern! Was könnte gesprochen werden über das eigene Elternhaus! Welche Gefahren am nächsten Steilhang könnten drohen! Welche Verwirrungen, fremder Leute Einfluß ausgesetzt zu sein, welche Gerüchte könnten auftauchen! Tausend Ängste. Besser ist es, ein Kind bleibt in der Obhut seiner Mutter. Das Kind will nicht essen, wie es sollte, vielleicht ist es krank, sehr krank? Was muß man tun, um ein krankes Kind richtig zu ernähren? Vielleicht fängt es sogar an zu erbrechen? Was muß man tun, um ein Kind, das die Nahrung erbricht, richtig zu ernähren?

Es ist möglich, daß sich aus einer Überfürsorge der Angst alles verwirrt. Das Kind ist vielleicht anders, als man wünscht: nicht so fleißig, nicht so pünktlich, nicht so aufmerksam, also daß man es doppelt in die Pflege, die Obhut, die Anleitung nimmt. Und man erreicht damit, daß es schließlich entmutigt, resigniert, ohne Selbstvertrauen und ganz und gar erfüllt von der mütterlichen Angst dasteht. Am Ende wagt es nicht mehr, zwei Schritte voreinander zu tun, ohne Mutter zu fragen, ob es richtig ist, und es wird seine Mutter dafür hassen, daß es sie ständig fragen muß, ob es leben, handeln, denken, fühlen darf. Es denkt nicht mehr selber, sondern nur noch die Mutter denkt in ihm. Aber es sind grad die Gedanken, die die Mutter nie erzeugen wollte. Grade das, was sie in ihrer Angst vermeiden wollte, das sind nun die Gedanken ihrer Tochter, der Dämon, der sie schrecklich quält, und der Teufelskreis ist geschlossen. Diese Frau kann in ihrer Angst alles falsch machen, und je mehr Verantwortung sie häuft, desto schlimmer wird es sein.

Sie werden sagen: »Was gehen uns die Familienverhältnisse irgendeiner unbekannten Frau im Gebiet von Tyrus und Sidon vor 1950 Jahren an?« Nun, soviel doch, daß wir wahrscheinlich immer wieder miteinander grade so umgehen – nicht nur Mütter mit ihren Töchtern, auch Erwachsene machen einander gern zu kleinen Kindern; im Gefälle des Patriarchalismus die Männer ihre Frauen, die Frauen umgekehrt, auf ihre Weise, ihre Männer. Man ist selber nicht glücklich, also darf es der andere auch nicht sein. Man fühlt sich selber eingeengt, also findet man die Freiheit des anderen bedrohlich. Man wagt selber kein freies Wort, also fürchtet man das des anderen. Man belastet sich selber schwer durch Aufgaben und Pflichten – also daß man den anderen beneidet und quält für sein bißchen Glück. Und überall steht der Haltezaun der Verantwortung, eine ständige Tyrannei, immer kaschiert mit dem guten Willen. Von Antoine de Saint-Exupéry stammt der Satz: »Du bist für das verantwortlich, was du gezähmt hast.« Der Satz kann richtig sein und schrecklich.

Die Wahrheit ist: Wir sind füreinander *nicht* verantwortlich, denn jeder hat seine eigene Freiheit und seinen eigenen Weg zu Gott. Vielleicht, daß deswegen Christus an dieser Stelle, womöglich ohne um das Problem der Frau genau genug zu wissen, das einzig Richtige tut: Er zieht sich zurück in ein Gebiet jenseits von Juda, um sich für eine Weile die Not der Menschen fernzuhalten, um sich in sich selber zu sammeln, um sich wiederzufinden in der Gemeinschaft der Jünger und in der Gemeinschaft seines Vaters. Es ist ein Moment gleich jenem Augenblick, da Jesus im Markusevangelium einmal ein ganzes Dorf stehenläßt, sich ins Boot setzt und einfach wegfährt. Er, dem wir für gewöhnlich zutrauen, daß er alles kann, grenzenlos und weit, belehrt uns, daß wir Menschen Grenzen haben, also sie auch haben dürfen, jedenfalls sie einhalten müssen. Es ist richtig, daß Jesus sich auf eine bestimmte Mission beruft, die sein Wirken auf die Landesgrenzen Israels eingrenzt, sicher nicht aus Nationalismus, sondern um im Erbe der Väter und der Propheten zu sagen, daß es irgendwo auf Erden einmal einen Ort geben muß, an dem man sehen kann, wie man menschlich richtig lebt. Dieser Ort war winzig klein. Ein schmaler Korridor war die Welt, in der Jesus lebte und die er nicht verlassen wollte. Und man muß hinzufügen, daß es ihm mißlungen ist, selbst diesen kleinen Raum für Gott zu gewinnen. Menschlich gesehen, war er nach zweieinhalb Jahren ein Gescheiterter. Man verstand ihn nicht in Südisrael, man hielt ihm entgegen: Er kommt aus Nordisrael, schon wie er redet, ist ein galiläischer Dialekt, er kennt die Heilige Schrift nicht gut genug, und im übrigen bringt er alles durcheinander, weil er an Gott glaubt, nicht an die Angst, an die Freiheit des Menschen, nicht an die Gesetze, an die Güte, die Liebe und das Erbarmen, nicht an den Zwang, die Gerechtigkeit und die Aburteilung. Dieser Mann muß in diesem Augenblick Grenzen ziehen und in gewissem Sinne sich schützen vor einem Zuviel an Auflauf, Zumutung und Verantwortung. Er erklärt sich im Gebiet von Tyrus und Sidon für nicht zuständig vor Gott.

Es ist wahr, die Geschichte geht anders weiter. Die menschliche Not kennt keine Grenzen. Das menschliche Leid ist an jedem Ort der Erde gleich groß. Und deshalb kann man nicht sagen: Israel hier und Kanaan dort. Aber vielleicht war gerade das Bestehen auf den Grenzen für diese Frau aus Kanaan die wichtigste Einsicht in dem Gespräch mit Jesus. Möglicherweise wurde ihr deutlich, daß selbst derjenige, den sie als den Retter und Messias bekennt und anfleht, ein Recht hat, sich einzuschränken. Um wieviel mehr dann sie selber! Hat doch auch ihre eigene Verantwortung ihr Maß. Es wird ihr zugesichert: Deine Tochter ist gesund, und was du willst, geschieht. Es ist denkbar, daß diese Frau mit diesem Wort im Ohr, mit diesem Gefühl im Herzen anders zurückging, als sie kam, und ihre Tocher anders vorfand, als sie sie zurückgelassen hatte. Denn eine Frau hat eine andere Tochter, wenn sie selber ohne Angst ist.

Es grenzt oft ans Wunderbare, daß gerade Mütter, die es gut meinen, einen immer wieder bestürmen, doch zu sagen, was sie mit ihren Kindern machen sollen, die am Rand des Selbstmords, der Verelendung, des schulischen Boykotts, des seelischen Streß stehen. Und man kann nichts anderes sagen, als daß es nur einen Weg gibt, den Kindern gerecht zu werden, nämlich daß Eltern sich selber finden, den Mut haben, ihr eigenes Leben zu leben und selber für sich bis drei zu zählen. Solange sie selber ständig unsicher sind, wird es nicht gehen. Am Ende wird das Kind gerade das tun, was seine Mutter oder sein Vater selber nicht zu leben wagen. Kehrt man aber heim, einmal endlich mit dem Gefühl von Vertrauen und Zuversicht, so löst sich der Spuk auf, daß der andere, das Kind, krank, unberechtigt, verkehrt, erziehungs- und aufsichtsbedürftig scheint. Und es wird denkbar, man könnte auch ihm ein Terrain zubilligen, in dem er die bescheidene Blume seines Glücks pflanzen darf. Dann ist es nicht mehr nötig, von Verantwortung zu sprechen. Wenn wir selber uns in unseren Beziehungen zueinander als geheilt entdecken, wird von Verantwortung – meist ein Freibrief für Tyrannei, Angst und Verleumdung – nicht mehr die Rede sein, statt dessen aber von Hochachtung, Vertrauen, Zuversicht, vom Mut, an die Möglichkeiten des anderen zu glauben, freilich auch von der Fähigkeit, die eigene Wahrheit zunächst einmal zu suchen, statt die eigenen Probleme im anderen zu lösen, sich zu fragen, wie man selber lebt, statt zu beaufsichtigen, wie der andere ist.

Am Ende gilt es, gemeinsam vor Gott hinzutreten und das ganze Leben im Umkreis der Liebe zu erleben wie ein nicht endendes Gebet. Denn wenn wir einander so entdecken, daß wir Gott *dankbar* werden für die Existenz des anderen, mehr noch, als daß wir Fürbitte leisten für den anderen, sind wir gemeinsam näher bei Gott. Wenn wir finden, daß der andere selber durch sein Dasein unser Leben segnet, wird das schönste Gebet sein, auch auf ihn allen nur möglichen Segen Gottes herabzuflehen, und jedes Wort, selbst wenn's nach außen hin profan klingt, wird eine solche Zärtlichkeit des Gebets sein, eine solche Verbundenheit des Herzens in Gott, denn so gilt es, und so ist es versprochen: Wenn auch nur zwei oder drei in meinem Namen beisammen sind, bin ich mitten unter ihnen, spricht Gott zur Liebe.

Immer wieder stellt sich die Frage, wie wir das Christentum innerlich verstehen. Rein historisch gelesen, ist diese Erzählung von einer Wunderheilung im Gebiet von Tyrus und Sidon ein Text der frühen Gemeinde, die gegen das Beispiel Jesu die beginnende Mission an den Heiden begründen wollte, indem sie mit einer entsprechenden Erzählung die eigene Praxis schon auf das Tun Jesu selber zurückführen wollte. Wie steht es um den Glauben, wenn dieser Text gerade die rechte Art wiedergibt, wie man Menschen, die von Gott nichts wissen, dennoch zu Christus führen kann? So gefragt, ist dieses Evangelium alles andere als eine Episode der Vergangenheit. Es legt sich danach aus, wie wir selber uns unter den Augen Gottes verstehen.

Vielleicht gibt es keinen größeren Skandal in der Christenheit, als daß wir uns dahin erziehen lassen und schon fast ganz und gar gewöhnt sind, den Glauben vor allem für eine Art der rechten Lehre zu halten. Wenn es so stünde, wäre unser Verhältnis zu Gott wesentlich ein intellektuelles Verhältnis. Richtig zu denken und vor allem das richtig Beigebrachte zu denken wäre dann der entscheidende Punkt, der uns zu Christen machen würde. Ganz entsprechend ist der Apparat der Lehre im Christentum gewaltig ausgedehnt. Es gilt uns als selbstverständlich, daß jemand, der heranwächst, über Gott von außen her in Kenntnis gesetzt werden muß. Die Eltern müssen ihre Kinder erziehen, die Eltern erzogen werden durch den Stand der Schriftausleger, der wiederum muß erzogen werden durch eine Kaste von Fachleuten. Es ist ein Lehrbetrieb, wie er im Umgang mit jeder Sache sonst auf Erden seine Legitimation haben mag, im Umgang mit Gott aber geradezu absurd wirken muß, denn Gott lebt im Herzen eines jeden Einzelnen. »Ihr«, sagt Christus, »sollt euch nicht Lehrer nennen lassen«, was doch wohl auch soviel sagt wie: nicht als Lehrer betätigen, indem ihr dünkelhaft vor dem anderen steht und ihm erläutern wollt, was Gott ist und in seinem Leben zu sagen hat. Es ist keine kleine Sache, den Glauben in etwas Äußeres zu verwandeln. Es ist so schlimm, wie wenn man ein richtiges Medikament falsch anwendet: Je stärker es ist, desto schlimmer wird der Schaden sein.

Und nun gar, wenn davon die Rede gehen soll, wie sich das Christentum ins Verhältnis zu Menschen außerhalb des Glaubens, zu sogenannten Heiden, setzt. So weit wir in der Kirchengeschichte zurückschauen, ist der Umgang des Christentums mit anderen Religionen ein Umgang der Gewalt, der Unterdrückung und Zerstörung. Das Herz des Menschen durch eine aufgesetzte Lehre zu zerstören ist genauso gewalttätig wie auszuschwärmen und andere Menschen in ihrer Kultur und in ihrem Lebenszusammenhang zu entwurzeln. So vorzugehen braucht viel Macht, ein gewisses Bildungsmonopol, eine zentrale Verwaltung, eine festgefügte Institution, die die Neigung hat, mit Systemzwang nur noch für sich selbst zu funktionieren. Deshalb ist es außerordentlich wichtig, diese kleine Episode, die die frühere Kirche aus dem Leben Jesu überliefert oder erfindet, sehr genau zu betrachten.

Es ist eine Erzählung, in der selbst von Jesus gesagt wird, daß er ein gewisses Vorurteil aus der eigenen Tradition überwinden muß. Wenn Juden zur Zeit Jesu von den Heiden sprechen, gebrauchen sie gern das Schimpfwort von den Hunden; es kommt sogar Jesus selber über die Lippen: »Man wirft nicht das Brot der Gotteserkenntnis den Hündlein vor.« Es gibt eine fest eingerichtete Tischgemeinschaft, die Gott mit seinem Volk, dem auserwählten, dem exklusiv unter allen Völkern dastehenden, eingerichtet hat, und nur im Rahmen dieser Auserwählung möchte Jesus tätig sein. Wohl öffnet sich sein Blick zur Berufung aller Menschen, aber in erster Linie soll Israel sein wie eine Stadt auf dem Berge, wie ein Licht zur Erleuchtung der Heiden, gemäß der Botschaft des Jesaja, also daß es einzig darum geht, daß Israel stellvertretend für alle die reine Gottesbotschaft lebt. So fühlt sich Jesus zu den Ärmsten und den Schwächsten in Israel gesandt, um zu zeigen, wie gemeinsam Menschen sein können. Aber darf es dann Grenzen zwischen den Völkern geben, auch nur für eine bestimmte Zeit und für eine bestimmte Phase der Planungen Gottes? Was eigentlich trägt uns zu Gott, genauer noch gefragt: Was macht uns zu Christen?

Folgen wir der Vorstellung von dem Christentum als einer Lehre, dann kann niemand Christ sein, der sich nicht dazu bekennt, daß die Gottheit eines Wesens in drei Personen ist und daß Christus selber in zwei Naturen eine Person sei, lauter sehr komplizierte Dinge, die auch den Fachleuten, nimmt man sie beim Wort, sehr schwer oder überhaupt nicht eingängig sind. Was hat diese Form von Glauben zu tun mit der einfachen Bewegung einer Frau im Heidenland im Gebiet von Tyrus und Sidon? Sie hat von Jesus nur gehört, daß er heilen kann. Das ist das einzige, was sie von ihm wirklich weiß oder erhofft, und das einzige Motiv, zu ihm zu kommen, ist die unerträgliche Not, die sie, als Frau und Mutter, wohl mit ihrer Tochter alleinstehend, durchmacht. Solche Not ist international, kennt keine Grenzen, weder im Raum noch in der Zeit. Das menschliche Mitleid und die menschliche Barmherzigkeit dürfen unter den Augen Gottes auch mit Berufung auf die feierlichste und göttlichste Tradition nicht irgendwo Grenzen gesetzt erhalten. Genauso wie Jesus sich den Armen in Israel zuwendet, muß er in diesem Moment der Herausforderung sich auch zu dieser Frau im Jenseits der Offenbarung gesandt fühlen. Das Matthäusevangelium geht sogar so weit, dieser Frau im Heidenland ein gültiges und wahres Bekenntnis zu Christus als dem Sohn Davids zuzutrauen. Noch bevor die eigenen Jünger imstande sind, zu erklären, wie sie Jesus sehen, spricht diese Frau im Gebiet des alten Phönizien das reine Wesen der Gestalt Jesu aus, und es ist einzig ihre Not, die sie dazu bestimmt.

Für uns Heutige im Christentum änderte sich die ganze Welt, nähmen wir diese kleine Szene des Evangeliums beim Worte. Solange wir uns verstehen als die Besitzer einer außerordentlichen, vor allen anderen Menschen sonst ausgezeichneten Information Gottes, einer Lehrüberlieferung, die uns von allen anderen Menschen unterscheidet, werden wir uns selber und die Menschen »draußen« nicht verstehen. Wir werden ganz im Gegenteil uns immer wieder im Wege stehen mit der Berufung auf Christus, der den Weg ins Heidenland nicht scheute.

Oder aber wir denken sehr einfach: Was Jesus wollte, ist keine verfeierlichte Theologie mit einem Haufen von Titeln, die man lernen muß, um Jesus damit zu bezeichnen, oder mit denen man sich selber behängt, es ist eine einfache Form menschlichen Lebens. Diese tief und universell im eigenen Dasein auszuprägen, das ist das ganze Christentum. Dann ist die erste und wesentliche Frage heute an uns und unsere Kirche, inwieweit wir die Macht besitzen und die Fähigkeit behalten haben, auf menschliche Not, wo immer wir ihr begegnen, heilsam und heilend zu antworten, die Not der Besessenheit an oberster Stelle. Wieviel an Angst und Entfremdung lebt im menschlichen Herzen! Nach dem Maße der Macht über die bösen Geister richtete sich zur Zeit Jesu das Gefühl für die Nähe Gottes im menschlichen Leben. Eine Kirche, eine Theologie, eine Form von Religiosität, die sich fast offiziös weigert, auf Gefühle, Ängste, Zustände der Entfremdung, der Seelenzerrissenheit bis zur Krankheit einzugehen, um weiter im elfenbeinernen Turm ihrer Lehre geordnet und ruhig verharren zu können, folgt nicht dem Gang Jesu ins Heidenland, öffnet sich nicht dem Ruf derer, die außer ihrer Not keinen Weg zu Gott wissen. Es gälte zu merken, wieviel an Entfremdung, an Aufgesetztem, Unechtem, an Besessenheit in unseren eigenen Köpfen spukt, wenn es Lehren gibt, die uns hindern, menschlich zu sein. Es darf im Sinne Jesu, dieses menschgewordenen Gottes, wie wir glauben, keine Grenzen der Menschlichkeit geben, und die Sprache der Not ist das erste, um zu hören, wie wir in allem als Menschen vor Gott zusammenhängen.

Der Besessene von Kafarnaum

So ziehen sie in Kafarnaum ein. Und gleich am Sabbat ging er in die Synagoge und lehrte. Da waren sie bestürzt ob seiner Lehre. Denn: Er lehrte sie als einer, der Vollmacht hat, und nicht wie die Schriftgelehrten.

Und gleich war da in ihrer Synagoge ein Mensch mit einem unreinen Geist. Und der schrie auf und sagte: Was willst du von uns, Jesus von Nazaret? Du bist gekommen, uns zugrunde zu richten. Ich weiß, wer du bist: der Heilige Gottes. Aber Jesus herrschte ihn an und sagte: Verstumme und fahr aus von ihm! Und ihn schüttelnd und mit gewaltigem Heulen aufheulend fuhr der unreine Geist von ihm aus. Und sie erschauderten alle, so daß sie miteinander stritten und sagten: Was ist doch das? Eine neue Lehre aus Vollmacht! Und den unreinen Geistern gebietet er, und sie gehorchen ihm. Und hinaus drang die Kunde von ihm sogleich, überallhin, ins ganze Umland Galiläas. MK 1,21–28

Man kann eine Religion wohl am besten daran erkennen, wieviel sie bewirkt, wenn sie von Gott spricht. Es gibt eine Weise, sich einzurichten, in der die Religion einen Teil des Lebens bildet, in sich wohlgeordnet, wohlverwaltet, scheinbar weder Schaden noch Nutzen bewirkend, in Wirklichkeit aber ganze Teile der menschlichen Seele, des öffentlichen Lebens aussparend, vermeidend, nicht von innen her durchdringend. Es muß wohl dieser Typ von Religion sein, der Jesus am meisten zusetzt und der im Neuen Testament am meisten bekämpft wird: eine Religion der Schriftgelehrsamkeit. Sie tradiert sich in der Angst vor den Autoritäten, die die heiligen Schriften verwalten. Sie lebt davon, daß sie eine bestimmte Funktion in der Rollenzuweisung der Gesellschaft, in der Machtverteilung der Öffentlichkeit hat. Aber sie verfügt nicht über die Kraft, Menschen zu erneuern, und nimmt man dieses Evangelium beim Wort, so steht sie in der Gefahr, eine Handlangerin des

Bösen zu werden. Denn Menschen vertragen die Aufspaltungen in Innen und Außen, in Gott und Welt, Zeit und Ewigkeit nicht.

Wenn das Neue Testament von Dämonen spricht, glauben wir zu wissen, was damit gemeint ist, indem wir das dogmatische Wort »der Teufel« dafür einsetzen. Aber auf diese Weise wird wenig verstanden, und es ist daher vielleicht gut, zunächst einmal das Erscheinungsbild der Krankheit dieses Mannes in der Synagoge von Kafarnaum auf sich wirken zu lassen. Man versteht dann tiefer, welche Macht das Böse im menschlichen Herzen haben kann, und umgekehrt, welch eine Macht die Religion haben sollte, den Menschen zu Gott zurückzuführen.

Vielerlei kann man sich denken unter einem Dämon, der unrein ist. Aber ganz sicher wird man sich einen Menschen vorstellen müssen, der, wenn er von einem solchen Dämon beherrscht wird, zutiefst an sich selber leidet, der ausgeliefert ist und jeder Art von Unfreiheit preisgegeben. Es herrscht in einem solchen Menschen ein Zwang, anders zu fühlen, anders zu denken, anders zu reden und zu handeln, als er es selber will, denn sein furchtbares Geheimnis ist, daß seine eigene Person wie verstellt, wie umlagert, buchstäblich wie besessen ist. Die Unreinheit mag für die Außenstehenden darin zur Erscheinung kommen, daß er selber sich keinen wirklichen Kontakt zutraut, daß er Dinge tut, die den anderen als ungeheuerlich erscheinen, daß er sich auf eine Weise verhält, die alle anderen schaudern läßt. Man meidet ihn und stößt ihn ab, sperrt ihn in ein Getto und läßt ihn nicht in die Gemeinschaft der anderen ein. Doch zunächst einmal muß ein Mensch selber sich so fühlen, er muß selbst empfinden, er sei zu schlecht, zu negativ, zu wenig rein, um sich unter die Augen der anderen wagen zu können und ihnen seine Anwesenheit zuzumuten.

Wir haben heute gelernt, in etwa zu verstehen, wie solche Zustände der Seele möglich werden, wie es kommen kann, daß ein Mensch aufhört, selber zu leben, und daß er sich immer wieder im selben Teufelskreis dreht, unfrei und gefangen und immer denselben Ängsten preisgegeben. Es sind Prägekräfte, die schon in den Kindertagen dafür sorgen, daß ein Mensch, der heranwächst, nicht gerade werden, sich nicht entschließen kann zu sich selber und fast mit System daran gehindert wird, zu leben, was in ihm leben könnte.

Ein Kind hat Gefühle, die auf den Widerstand seiner Umgebung prallen. Man kann ihm sagen, daß es dies und das nicht so erreichen kann, wie es das möchte. Man kann ihm aber auch verbieten, daß es solche Gefühle überhaupt hat. Dann wird es lernen, natürliche Regungen bei sich selber zu fürchten, zunächst aus Angst vor der Strafe der Eltern, dann aus Angst vor sich selber. Es wird schließlich beginnen, sich selbst dafür zu verteufeln und schlecht zu nennen, daß es bestimmte Gefühle, bestimmte Regungen noch immer in sich spürt. Von dem Zeitpunkt an wird die Dämonie beginnen, die Automatik der Seelenzerstörung, der Mechanismus der verinnerlichten Angst. Man wird am Ende gar nicht mehr wissen, für welche Gefühle eigentlich, für welche Wunschregungen man sich selbst verteufelt, meidet und haßt. Man wird schließlich nur noch wissen, daß man hassenswert, verteufelnswert, kurzum ein Monstrum ist. Die Überzeugung wird wachsen, daß man eigentlich kein Mensch ist, sondern das Gegenteil davon, daß man statt »ja« nur noch »nein« sagen, statt Leben nur noch den Tod erfahren kann. Ein solcher Mensch heißt im Neuen Testament unrein, denn alles, was ihn als Menschen auszeichnen könnte, hat man ihm abgewöhnt. Er blüht heran, als ein Junge oder Mädchen, und da heißt es: »Unrein, weil gefährlich, weil verführerisch, teuflisch, sündhaft und dämonisch!« Er wächst heran und möchte selber denken – wiederum heißt es: »Aufsässig, gefährlich, unheimlich, bedrohlich, also sündhaft, teuflisch!« Man kann einen Menschen mit System dahin bringen, daß alles, was in ihm schön und groß sein könnte, am Ende ausgetrieben ist. Aber der Geist eines Menschen ist nicht leer, er wird besetzt von Gedanken, die ihn nicht mehr freigeben, und sie alle reden ihre eigene Sprache, immer weiter, mechanisch.

So wird man verstehen müssen, daß dieser Mann in der Synagoge aufschreit, aber er redet nicht selber, sondern im Kollektiv, wie wenn er in sich eine ganze Armada von Gegenmächten und Gewalten trüge, die nur in einer geschlossenen Formation aufzutreten wissen. Auch dies kennen wir. Es ist das im Umgang miteinander vielleicht unauffälligste Symptom, grade deshalb das verbreitetste, und es zeigt immer eine Art zu leben, die keine ist. Grade an der Stelle, wo wir von uns selber am persönlichsten, am subjektivsten, am leidenschaftlichsten, am tiefsten reden könnten und sollten, weil unsere eigenen Gefühle, unsere eigenen Gedanken dabei zum Tragen kämen, grade in diesen Augenblicken setzt die Angst ein und verschiebt die Sprache. Die Rede ist dann nicht mehr von uns selber, von der eigenen Person, sondern ergeht sich in allgemeinen Wendungen, wie »man« es macht, was »man« tun muß, wie es allgemein richtig ist, kurzum, was die anderen sagen. Und immer wird man den Rückschluß zulassen müssen, daß es eben dieser Stil im Umgang miteinander ist, der die Verhexung der Seelen, die Dämonie der Geister auf die Erde bringt: daß »man« sich nicht dafür interessiert, mit welch einem Menschen »man« es zu tun hat, daß »man« nur mit »man« redet. Schließlich wagt sich kein Ich mehr hervor, man verschanzt sich hinter der Allgemeinheit, und dies ist die für gewöhnlich übliche Sprache, in der wir untereinander verkehren, ein Versteckspiel im Allgemeinen, ein Sich-Ergehen in Phrasen, ein ständiges Sich-Vermeiden als Person, und dazwischen der ganze Heerbann der Angst.

Es ist unendlich viel, daß Jesus diese Art von Religion nicht duldet, die womöglich damit einverstanden ist, sei es durch Ohnmacht, sei es durch Scheinberuhigung die Zonen der Unmenschlichkeit bestehen zu lassen. In der Synagoge von Kafarnaum, beim ersten Auftreten Jesu, zeigt sich das absolute Entweder – Oder, wenn Jesus will, daß Menschen selber leben, also daß er die Angst hervortreiben muß, indem er anredet, zugeht, anrührt. In den Augen Jesu ist es nicht möglich, unter den Augen Gottes nicht erlaubt, einen Menschen wie ein dressiertes Tier der Gefangenschaft der Ängste ausgeliefert sein zu lassen. Für Jesus kommt es darauf an, daß Menschen Gott zurückgegeben werden in ihrer Freiheit, in ihrer Schönheit, in der Unvertauschbarkeit ihrer Person. Sie sind gemeint.

Was sich dann in der Szene in dieser Synagoge abspielt, wird man sich oft als ein Ereignis über Jahre gedehnt vorstellen müssen: daß Menschen hin und her gerissen zu werden beginnen, ganz buchstäblich, und nicht wissen, wem sie folgen sollen – der Angst, die man sie lehrte, oder dem Vertrauen, das beginnen könnte, der Macht der Vergangenheit oder dem Horizont der Zukunft, all den Umstehenden, die sie gefangenhielten, oder dem einen, der auf sie zukam. Ein endloses Hin und Her, ein Vorwärts und Rückwärts, ein ständiges Auf-der-Stelle-Treten, geschüttelt von Grauen und Erwartung. Furchtbar ist dieses Bild der ausbrechenden Angst, der Erschütterung, der Fremdheit, des Entsetzens aller anderen, und es ist nicht vermeidbar. Nicht zu vermeiden ist auch das lange Geschrei dieses Besessenen. Es ist nötig, damit Dämonen ausfahren.

Für gewöhnlich will dies niemand hören, nicht die Schmerzensschreie, nicht die Protestrufe, nicht die dumpfen Stimmen aus Kindertagen, die eine längst verstellte Sprache reden, scheinbar ungeordnet, noch wüst und chaotisch. Besser ist es, man hält sich die Ohren zu, noch besser, man verstopft dem anderen den Mund, am allerbesten, man verschließt die Quelle seines Herzens. Aber es ist vor Gott nicht recht, daß Menschen auf diese Weise ihrem Elend überlassen bleiben.

Erstaunlich ist dies: Es ist das erste Mal, daß Jesus öffentlich wirkt, und es geschieht in dieser absoluten, mutigen Weise, anders als bei den Schriftgelehrten. Es ist das erste Mal, daß nicht nur Gottes Wort in Worten verkündet wird, sondern sich die Wirklichkeit ändert und Menschen so getroffen werden, daß jeder Rest an Angst hochkommt, durch die Glieder fährt und überwunden wird. Leicht und einfach ist es nicht, aber Wunderbareres gibt es auf Erden sicher auch nicht, als zu sehen, daß Menschen fähig sind, die Chance zu nutzen und eine ausgestreckte Hand zu ergreifen. Da mag noch so viel verschüttet sein in der Seele eines Menschen – ein erster Glockenton der Freiheit wird sie rufen, wie verstohlen und versteckt auch immer.

»Was bedeutet das?« fragen die Leute in der Synagoge von Kafarnaum. Das Markusevangelium meint, daß eine neue Zeit begonnen hat, nicht mehr und nicht weniger, daß eine Epoche begonnen hat, in der Menschen endgültig wissen: Sie gehören niemandem anderen als allein Gott. Wenn Sie dann fragen: »Was ist der Teufel, und was ist teuflisch?«, so wird man sagen müssen: Alles, was Menschen infolge der Angst nach Strohhalmen ringsum greifen läßt und sie ausliefert an Mächte, die nicht Gott sind. Man folgt dann einer Gegenlogik der Schöpfung, man wird hineingezogen in einen Prozeß immer tiefer reichender Zerstörung.

Dazwischen ist zu wählen: zwischen Gott, der uns als Person will, und einer Macht, die gewissermaßen nur im Kollektiv existiert, die darin besteht, die Person des Menschen zu zerfasern bis zur Unkenntlichkeit, bis zur Zerstörung, bis zu dem Erschütternden, daß ein Mensch beginnt, selber zu glauben und zu reden: »Ich bin zu unrein, um zu leben.« Dann vielleicht berührt man das Geheimnis des Teufels am tiefsten: eine Macht, die nur ganz rein sein will, alles ganz gut will, ganz perfekt will, kristallklar, und am Ende nichts hinterläßt als Zerstörung, Auflösung und Selbsthaß.

Zwischen der unendlichen Toleranz Gottes und seiner Güte und seiner Geduld, diese Schöpfung zu begleiten, Schritt für Schritt, und dem Gegenwillen, eine reine, klar geordnete, schnurstracks verwaltete Welt zu wollen, zwischen diesen Geistern muß man wählen.

Die Schwiegermutter des Petrus und andere Kranke

Und gleich, nachdem sie aus der Synagoge hinausgegangen, ging er mit Jakobus und Johannes in das Haus des Simon und Andreas. Die Schwiegermutter Simons aber lag fiebernd darnieder. Und gleich reden sie ihretwegen mit ihm. Und er ging hin und richtete sie auf, ihre Hand ergreifend. Und es verließ sie das Fieber, und sie diente ihnen.

Als es Abend geworden, die Sonne gesunken war, brachten sie zu ihm alle, die übel dran waren, und die vom Abergeist Besessenen. Und die ganze Stadt hatte sich am Tor zusammengedrängt. Und er machte viele heil, die mit mancherlei Gebrechen übel dran waren, und trieb viele Abergeister aus. Doch wollte er die Abergeister nicht aussprechen lassen, daß sie um ihn wußten.

Früh aber – noch in der Nacht – stand er auf, ging hinaus und ging weg an einen öden Ort. Und er betete dort. Aber Simon und seine Gefährten spürten ihm nach. Und als sie ihn gefunden, sagen sie zu ihm: Alle suchen dich! Und er sagt zu ihnen: Ziehen wir anderswohin, in die angrenzenden Flecken, daß ich auch dort verkünde; denn dazu bin ich ausgegangen. Und so kam er, um zu künden in ihren Synagogen in ganz Galiläa, und um die Abergeister auszutreiben. MK 1,29–39

Manchmal möchte man die Szene eines Evangeliums nachzeichnen, wie manche Maler Begebenheiten aus dem Leben Jesu darstellten, um sie bildhaft zu deuten.

Das Markusevangelium selbst zeichnet, indem es einen Tag und eine Nacht aus dem Leben Jesu zusammenstellt, ein Bild, wie Jesus lehrt und Wunder wirkt und betet. Vielleicht aber lohnt es sich, das Augenmerk an dieser Stelle einmal auf die Menschen zu richten, die Jesus begegnen, z. B. die Schwiegermutter des Simon.

Was für eine merkwürdige Krankheit des Fiebers, die ausbricht, bevor Jesus kommt, und die durch die Handauflegung verschwindet! Manchmal denke ich, diese Szene müsse ein Vorspiel gehabt haben, ein heftiges und sehr dramatisches Vorspiel, denn der Augenblick, als Jesus am See von Galiläa Simon und Andreas zu seinen Jüngern bestimmte und sie am Ufer des Sees Netz und Boot zurückließen, um dem Mann aus Nazaret nachzufolgen, kann so spurlos an den Familienangehörigen nicht vorbeigegangen sein. Es gehört nicht viel Phantasie dazu, sich vorzustellen, wie vornehmlich auf die Schwiegermutter des Simon die ganze Szene gewirkt haben wird. Vielleicht wird man dann, ohne zu vergröbern, ihre Gedanken und ihre Worte sinngemäß so wiedergeben müssen:

Was ihm, dem Petrus, einfalle, seine Frau und seine Kinder und seine Familie im Stich zu lassen. Ob der Mann aus Nazaret ihm einen ordentlichen Arbeitsplatz verschaffen könne oder mindestens für ein geregeltes Einkommen zu sorgen vermöge.

Und Petrus wird gesagt haben, dem sei leider nicht so; weder verfüge Jesus selber über ein geregeltes Einkommen, noch könne er ein solches in Aussicht stellen.

»Und wovon sollen wir dann leben? Von der Luft und dem Wasser aus dem See von Galiläa höchstwahrscheinlich?«

»Aber ihr könnt doch leben von dem Ertrag, den die anderen einbringen, der See von Galiläa hat Fische genug.«

Daß es jetzt genug geredet sei, wird sie gesagt haben, die Schwiegermutter des Simon, denn parasitärer und unverschämter könne man nicht reden. Alle Arbeit also und alle Aufgaben blieben den anderen überlassen, während man selber unverantwortlich dem nachgehe, was man jetzt als Freiheit begriffen habe.

Aber der Mann aus Nazaret bringe Freiheit, mag Petrus gesagt haben.

Eine schöne Freiheit, wird er zur Antwort bekommen haben, die darin besteht, seine Frau stehen- und sitzenzulassen und sich davonzumachen. Wenn dies ein Mann Gottes wäre, müßte er als erstes wissen, daß Gott Pflichtbewußtsein, Ordnung, Anstand, Würde, Treue, jedenfalls nicht Anarchie, Durcheinander und Willkür wolle.

Sie hat so recht, die Schwiegermutter des Simon, und sie muß Grund gehabt haben, Fieber zu bekommen, denn die Welt, in der Jesus lebt, stellt alles in Frage, wovon man für gewöhnlich zu leben glaubt. Mag sein, daß Simon sogar die Idee hatte, Jesus absichtlich ins Haus seiner Schwiegermutter einzuladen, damit wenigstens er sich deutlicher erkläre und den Familienzwist beende. Das war nun wirklich genug, die Schwiegermutter vollends in Harnisch zu bringen. Sie wird, wenn diese Leute kommen, nicht den Finger krumm machen, sie wird im Bett liegen und krank sein, sie wird sich weigern, diese Mannschaft zu empfangen, sie wird streiken, willentlich oder unwillentlich. »Es ist genug«, wird sie denken.

Sie wird nicht anders denken, als wir in Wahrheit alle leben, wenn wir uns nicht besinnen. Nach den Maßstäben des Protestes dieser Frau richten wir von früh bis spät unser Leben ein, erziehen wir unsere Kinder, versuchen wir selber zu existieren, halten wir's für ganz richtig. Wohl hören und wissen wir, daß Christus anders war und dachte, aber wer wird das schon so wörtlich nehmen? Und wer wird vor allem glauben, daß man so leben könnte?

Manchmal glaube ich, daß dieses Wunder, eines der vergessenen im Neuen Testament, kaum hoch genug zu rühmen ist: wie Jesus die Kammer der Schwiegermutter des Simon Petrus betritt und der Frau die Hand auflegt. »Er richtete sie auf«, heißt es im Evangelium, »und es verließ sie das Fieber.«

Könnte es denn nicht auch so sein, daß das, was wir normal nennen, eine einzige große Krankheit ist, ein wahnsinniges Fieber, das wir dann erst bemerken, wenn wir Menschen begegnen, die wirklich leben? Wär's nicht denkbar, daß wir gesunden könnten, wenn sich eine Hand auf unsere Stirn legte und unsere Gedanken zur Ruhe kämen und merkten, daß wir nur auf der Flucht sind – am meisten vor uns selber? Wir fürchten uns, so wenig zu sein, also streben wir voller Ehrgeiz in die Menge. Wir glauben, daß wir so ungesichert sind, also füllen wir die Hände mit Krimskrams und glauben, das sei unser Erwerb. Wir fürchten, ohnmächtig dazustehen, also hüllen wir uns in Rechtschaffenheit und Ordnung und legen uns eine Moral zu, die uns ständig richtig handeln läßt, zum Terror für uns und andere.

Wär' es nicht möglich, wir könnten denken, unser kleines Leben sei das Schönste, was Gott sich ausgedacht hat, und es brauchte all der Spuk ringsum gar nicht zu sein, das wenige, was wir brauchen zum Glück, lebte in unserem Herzen und in jeder Regung der Liebe?

So vieles steht zwischen den Menschen, was trennend ist, ängstigend, zwingend und zerrend, aber im Herzen eines jeden Menschen lebt eine wunderbare Ahnung von dem, wozu er berufen ist. Kaum daß Petrus die Worte Jesu hörte, wußte er's, und es fiel von ihm ab wie ein schlechter Traum, was bis dahin das so normale, bürgerliche Leben war. Es kann doch all das neu beginnen, was wir unser Leben nennen, tiefer, erfüllter und reicher, und unsere Seele kann sein wie ein blühender Garten, so weit, so schön, so voller Farben.

Es sagt dieses Evangelium, daß die Schwiegermutter des Simon die Jünger und den Herrn bewirtet habe, daß die Barrieren mit einemmal fort waren, die Angst, die Opposition, der Zorn und das Sich-wehren-Müssen. Mit einemmal wuchs das Vertrauen, daß Menschen in den Händen Gottes ruhen, das einzige, was Jesus wirklich glaubte, was er lebte und was in seiner Nähe und durch seine Hand und durch sein Wort vermittelt wurde. So kam's denn, daß am gleichen Abend, als die Gluthitze des Tages sich gelegt hatte, die Leute ihre kranken Angehörigen, ihre Besessenen zu Jesus brachten, und es gab keine Grenze. Denn wer von uns brauchte nicht die Heilung von der Krankheit seiner Angst, und wer von uns bedürfte nicht einer Neuordnung all seiner Gedanken?

Es war im Mittelalter, daß man statt von den Dämonen von den »Abergeistern« sprach. Dies ist ein wunderbares Wort, auf derselben Ebene wie das Wort vom »Aberglauben«. So etwas lebt immer wieder in uns: Stimmen der Opposition, die uns hindern auf dem Weg zum Glück. Kaum meinen wir, daß es vor unseren Händen liegt, da beginnen in uns Stimmen zu reden: »Aber man darf es nicht!« Kaum spüren wir, welch ein Traum in unserer Seele wach werden könnte, da gibt es Stimmen in uns, die sagen: »Aber so geht es nicht!« Kaum daß wir wissen, wie wir leben sollten, beginnt es über uns hereinzuregnen: »Aber alle anderen stehen dagegen!«

Diesen Dämonen verbietet Jesus zu reden. Er, der sonst den Stummen den Mund öffnet, verbietet diesen Geistern weiterzureden. Und es ist noch ein Motiv dabei: nämlich daß grade sie, die Gegengeister, genau wissen, was auf dem Spiel steht, und das Wesen Jesu kennen. Immer wieder im Markusevangelium wird Jesus sich dagegen verwahren, so etwas zu werden wie eine Berühmtheit im Ort, weil Ruhm nur festlegt, der Beifall der Menge nur zwingt und Freiheit einengt, weil das Spektakel der Masse erstickend ist und nicht leben läßt. Jesus entzieht sich dem, wo immer er kann; in der Morgenfrühe, beim Anfang des neuen Tages im Aufgang der Sonne richtet er sein Herz auf Gott, seinen und unseren Vater, an einem einsamen Ort, um zu beten. Auch dies wird man aus der Lebensführung Jesu lernen müssen: daß er es versteht, dem Sog der Menge nicht nachzugeben, sondern zu tun, was er als seine Berufung spürt.

Ganz Galiläa braucht ihn, und also wird er nicht an dem einen Ort bleiben. Es wird in Kafarnaum Menschen geben, die krank sind und sein Wort und seine Hilfe brauchen. Jesus ist fähig, in andere Orte zu gehen. Es wird Menschen geben, die tatsächlich Jesus suchen, aber er wird nicht da sein, denn ein Mensch hat Grenzen, und er darf sie markieren. Er darf sagen »ja« und »nein« und darf sagen: »Dies ist meine Berufung, und dies ist gültig, und das bin ich selber.« Und er kann und muß sich wehren gegen die Verformungen fremder Erwartung.

Grad dies ist die Macht Jesu: in den Synagogen zu predigen, daß Gott Platz findet im Herzen der Menschen. Und die Besessenheit der Angst, die Tyrannei der Unfreiheit, die Furchtsamkeit gegenüber dem Publikum, die ganze Dämonie der Unmenschlichkeit schwindet seitdem immer mehr und immer weiter.

Und als Jesus in das Haus des Petrus kam, sah er dessen Schwiegermutter fiebernd darniederliegen. Und er hielt ihre Hand fest. Da verließ sie das Fieber, sie richtete sich auf und diente ihm.

Als es Abend geworden, brachten sie zu ihm viele vom Abergeist Besessene. Und mit einem Wort trieb er die Geister aus und machte alle heil, die übel dran waren, damit erfüllt werde das durch den Propheten Jesaja Gesprochene, der sagt:

Er hat unsere Krankheiten weggenommen, und unsere Gebrechen hat er weggetragen. MT 8,14–17

Der Traum ist menschheitlich, und er hört nicht auf, der Evangelist Matthäus aber ist im Neuen Testament sein größter Verkünder: Einmal werde eine Zeit sein, da nicht mehr Krankheit und Wahnsinn und Tod das menschliche Leben durchfurchen und verwüsten und vor der Zeit hinabstoßen in das Grab und in das Verlangen zum Grab. Irgendwann, berichtet der Prophet Jesaja und stellt es in Aussicht nach dem Zerbrechen der Babylonischen Gefangenschaft, werde ein Helfer Gottes, sein wahrer Diener, kommen und an die Seite der Menschen treten, die ihn am meisten brauchten. Er werde seine Stimme auf den Gassen nicht anklagend und vorwurfsvoll geltend machen, sondern sich niederbeugen zu dem Zerbrochenen und aufrichten das Geknickte; er werde hinwegnehmen unsere Krankheit und unseren Schmerz.

Eine allzu fromme Hoffnung mag man das nennen, einen Rest mythischer Wünsche und die Relikte einer Weltsicht, in der Schuld und Krankheit noch auf geheimnisvolle Art miteinander verwoben waren. Wir haben spätestens von der Mitte des 19. Jahrhunderts an, eigentlich aber schon durch die Traditionen der Araber im 13. Jahrhundert, gelernt, den menschlichen Körper, ja sogar die menschliche Seele wie eine empfindliche Apparatur zu sehen, die anfällig ist für Störungen von innen und von außen. Wer ihre Mechanik kennt, vermag Einfluß zu gewinnen auf Gesundheit und Krankheit des Menschen. Da ist kein Platz mehr für Geister und Gespenster, für Dämonen und für Aberglauben, sondern klares, voranschreitendes Forschen und Denken, ein präzises Kalkulieren der Möglichkeiten und ein fast mitleidloses chirurgisches Eingreifen im Rahmen von Kenntnis und Verantwortung. Das in etwa ist, was wir heute Medizin nennen.

Gemessen daran, entlang dem Maßstab aufgeklärter Vernunft, scheint uns jede Erinnerung an das biblische Weltbild wie ein vermessentlicher, archaischer Frevel. Da sollten die Menschen am Ende noch schuld sein an ihren Gebrechen und Leiden. In unseren Köpfen spukt so etwas, und es wird auch in den Traditionen der Religion überliefert. Verstehen kann man, woher solche Vorstellungen kommen, aber wenn man sie begreift, mag man sie nicht länger mehr gutheißen. Da erkrankt auf dem Hühnerhof eines der Tiere an Schreckmauser. Man möchte denken, es habe schon genug durchgemacht, um in diesen Zustand zu geraten, da verhängt die Natur ein Ritual der Hinrichtung, indem es alle Artgenossen des Hofes bestellt, mit wütenden Schnabelhieben das kranke Tier auszustoßen. Sein Gefieder ist nicht, wie es sein muß, das ist das Angriffssignal, und es genügt zur Strafe der Ausstoßung, der Vernichtung. Hätte ein solches Huhn Gedanken wie wir, es würde sich, an der Erde kauernd, selber der Strafe schuldig sprechen, denn wie sollte Strafe, die *alle* verhängen, ungerecht sein?

In der Natur mag es Sinn gehabt haben und noch haben, so zu verfahren, da wird das Kranke von der Weitergabe des Lebens ausgeschlossen; nicht mit Rücksicht auf das individuelle Leben, sondern im Blick auf das Überleben der Art sind solche Reaktionsweisen im großen und ganzen sinnvoll. Unsere menschliche Moral aber ist von anderer Art. Es ist ihr ganzes Zentrum, daß ein Mensch in seiner Individualität, mit Immanuel Kant gesprochen, niemals Mittel zum Zweck, sondern stets Zweck an sich sei. Das ist ein aufrührerischer Gedanke, denn er stellt den Umgang der Natur mit uns Menschen in Frage, erlaubt ihn nicht länger mehr, gibt jedenfalls Menschen keinen Freiraum, dergleichen nachzuahmen. Die Moral hat sich im Lauf von Jahrmillionen von dem Hintergrund der Handlungsgewohnheiten aufgrund unserer Herkunft aus der Tierreihe gelöst. Dennoch geistert noch immer in unseren Redeweisen, in unseren Denkweisen die Vorstellung, daß wir an unseren Krankheiten selber die Schuld trügen. Hohe Kirchenvertreter sind von derlei Verkündigung bis heute nicht ausgenommen. Gefragt, was er von der Ausbreitung der Aidsseuche halte, antwortete der Fuldaer Bischof Dyba, er sehe darin eine Strafe Gottes. »Schauen Sie«, sprach er, »San Francisco: vor Jahren noch eine Bannmeile der Lust und der Ausschweifung, heute eine Stätte der Seuche. Wie ging Rom zugrunde? Durch Sittenlosigkeit und Verfall, das ist die Antwort.« Man wird selbst einem Bischof sagen müssen, daß die Logik des Hühnerhofes nicht Sinn macht als Logik der Kirche, und kein noch so lautes Gegacker hilft hinweg über blamablen Unfug. Wenn Menschen erkranken, ist es schlimm genug; sie zusätzlich noch zu bestrafen mit Vorwurf ist nicht menschlich.

Wie aber dann? Sollen wir die alten Gleichungen von dem Zusammenhang zwischen Sünde und Krankheit, Schuld und Geistesverstörung endgültig an die Vergangenheit abgeben? Dann bliebe uns keine andere Hoffnung als die auf den Fortschritt der Medizin, und der wird nie verhindern, daß Krankheit, Wahnsinn und Tod irgendwann letzte Auskünfte über unser Leben sind. Inmitten dieser irdischen Welt mögen wir einen Mann, eine Frau an unserer Seite mit noch so viel Liebe beschützen wollen, wir mögen die Hände noch so bergend um sie legen, irgendwann wird die Krankheit stärker sein. Irgendeinem winzigen Bakterium oder Virus, das keine Ahnung hat, was es zerstört und verwüstet, wird es erlaubt sein, das in unseren Augen Kostbarste hinwegzunehmen. Grade weil wir die Mechanik des Todes gut genug kennen, ist Hoffnung auf Medizin nichts weiter als ein Aufschub; irgendwann gilt es Antwort zu geben, irgendwann kehren wir zurück zu den Träumen der Religion. Grade wenn wir am meisten leiden, möchten wir als allererstes und immer als allerwichtigstes nicht einfach das Verschwinden der Krankheit, sondern einen menschlichen Beistand. Vieles wird auf dieser Erde nicht zum Verschwinden zu bringen sein, aber das Alleinsein inmitten der Krankheit, das Ausgestoßenwerden aufgrund der Abweichung von der Normalität der Gesundheit, das ist die wirkliche Belastung. Nirgendwann flehen wir mehr, jemand möge uns zur Seite treten, sich aus dem Pulk der vermeintlich Starken lösen und Augen und Ohren und Hände für das sonst unüberbrückbare Leid haben. Da sind wir bei der Sprache und dem Verlangen der Liebe angesichts menschlicher Hilflosigkeit, und wir hören nicht auf, ein Stück vom Himmel für diese Welt zu erwarten. In Aussicht gestellt war das schon oft, aber für Matthäus verkörpert es sich am reinsten und klarsten in der Person des Jesus von Nazaret. So sei er gewesen, schildert ihn Matthäus, daß er in die Bresche des fremden Schmerzes trat, ihn übernahm, die Leidenden nicht allein ließ, sondern ihr Wegbegleiter und Freund wurde.

Und was hat das nun mit Heilen zu tun und mit den Wundern der Gesundung, die Matthäus hier in Übernahme der Texte aus dem Markusevangelium schildert? Weit unterhalb der Schwelle der Moral gibt es doch verborgene Verflechtungen, nicht zwischen der Übertretung bestimmter sittlicher Gebote und dem Herausfallen aus den Gesetzen der Natur, wohl aber zwischen der Verwüstung des menschlichen Herzens in Angst und Verzweiflung und der Verheerung unserer geistigen und physischen Existenz. Herauszufallen aus der Einheit mit Gott, das ist die Botschaft der Anfangsseiten der Bibel, macht den Menschen innerlich so heimatlos, ausgesetzt, aufgewühlt, gehetzt und unruhig, daß er bis in seinen Körper hinein, bis in seine Träume hinein, bis in sein Denken hinein nicht mehr sich selbst gehört, sondern sich immer fremder, immer gespaltener wird.

Da ist die Frage: Wie betritt man das Haus eines Freundes und nimmt einen Menschen, den man noch nie vorher gesehen hat, bei der Hand? Wie berührt man eine Frau, die fieberkrank darniederliegt? Stellen wir sie uns vor: mit offenen, glänzenden Augen, mit jagenden Gedanken hinter der schweißnassen Stirn, mit gesteigerter Phantasie, mit aufgelöster Abwehr, mit einem Gefühl im gesamten Leib, als hätte sie keinerlei Schutzschild – gegen keine Vorstellung, keine Phantasie, keinen Schmerz. Das Fieber der Seele kann so viele Gründe haben, eine verweigerte Liebe kann einfallen bis in den Körper, ein überfordertes Verantwortungsgefühl kann einen solchen Druck von Streß erzeugen, daß die Nerven ständig überspannt sind, immerzu die Überlegungen sich jagen wie im Fieber; eingeklemmter Groll, Zorn und hilfloser Schmerz können werden wie ein Feuer, das uns durchglüht, und wir werden es nicht los. Im Neuen Testament schildert es sich so einfach, aber wir müssen es uns als oft über Jahre im Umgang des einen mit den anderen gedehnt denken: Man nimmt jemanden bei der Hand und führt ihn zurück zu dem Ort seiner verlorenen Heimat, bringt ihn dorthin, wo er wieder anfängt, sich selbst zu gehören, und Ruhe kehrt in sein Leben ein.

Desgleichen bei den von den Abergeistern Besessenen. Welche Gedanken, ständig im Widerspruch, stoßen in unseren Köpfen aufeinander, unter denen ein eigenes Ich sich nicht formt! Sie suchen uns heim wie Gespenster und Geister, diese Gedanken, die wir nicht selber denken, aber die an uns herantreten, von außen diktiert, ausgesprochen in autoritärer Macht, uns ständig vergewaltigend. Wann beginnt ein Mensch sich selber zu fühlen und in Wirklichkeit wahrzunehmen und zu einem eigenen Gedanken heranzureifen? Erst dann lichtet sich der Spuk.

Es muß eine Macht von Jesus ausgegangen sein, daß Menschen begannen, in seiner Nähe Sammlung und Ruhe zu finden. Die Angst verging, das Gefühl, gejagt zu sein, verschwand, und übrig blieb ein eigenes Ich in all seiner Schönheit und Kostbarkeit. Diese Überzeugung muß in Jesus gelebt haben: Ein jeder Mensch verdient es, bei der Hand genommen zu werden, bis sich das Fieber beruhigt und bis sich der Wahnsinn legt.

Wir verfügen auch im Namen des Christus nicht über die Tat und Fähigkeit, mit einem Wort Wunder zu schaffen. Aber das ist es auch nicht, was uns zu lehren Jesus kam. Wozu *er* uns bestimmen wollte, war eine geduldige Güte, ein Ausharren beieinander, ein Verweilen im Vertrauen, daß womöglich nach den Jahren einer leergeplünderten Jugend doch noch ein Aufbruch möglich sei und ein Wiederanfang und Neubeginn. Hoffnung zu haben jenseits der Hoffnung, die Menschen im Getto ihrer Ängste und Leiden für möglich halten, ist ein solches Licht vom Himmel mitten im Kerker unseres Lebens. Und Jesus kam, es zu bringen. Am Ende sieht es wirklich aus wie eine Schuld, wenn ein Mensch sich in Hoffnungslosigkeit verriegelt hat; aber es ist eine Schuld, die man nicht vorwerfen kann. Man kann sie nur zu begreifen suchen, zu übernehmen versuchen und gemeinsam abtragen. So dient es Gott, so hilft es seiner Schöpfung, so werden Menschen zum Knecht Gottes, so erfüllt sich der Traum vielleicht nicht von einer leidlosen Zukunft, wohl aber von einer Welt, in der das Leiden nicht ausschließt und in der die Menschlichkeit nicht beim fremden Schmerz aufhört.

Wir aber brauchten eine Abkehr von dem Modell des American way of life der gesunden und starken Gesellschaft. Sie wird den Erfolgreichen und den Starken, den schon dadurch Grausamen, verehren und den Schwachen, Gescheiterten und Erfolglosen ausschließen. Zwischen beiden müssen wir wählen: zwischen der Sanftheit des Knechtes Gottes und den Lenkern der Völker. Was uns guttut, wissen wir, wie wir gut sein können, auch, *daß* wir's werden, gebe uns Gott.

Der Sturm auf dem See

Und er sagt zu ihnen an jenem Tag, als es Abend geworden: Fahren wir zur Jenseite! Und sie lassen die Leute stehen und nehmen ihn, wie er gerade war, im Boot mit; auch andere Boote waren mit ihm. Und ein gewaltiger Wirbelwind kommt auf und die Wogen schlugen ins Boot, daß schon das Boot sich füllte. Er aber war im Heck und schlief auf dem Kopfkissen. Und sie wecken ihn und sagen zu ihm: Lehrer, kümmert es dich nicht, daß wir zugrunde gehen? Und auf richtete er sich, herrschte den Wind an und sprach zum See: Schweig, verstumme! Und der Wind erlahmte – und es ward große Stille. Und zu ihnen sprach er: Wie feig ihr seid! Immer noch habt ihr keinen Glauben! Und Furcht überkam sie, große Furcht. Und sie sagten zueinander: Wer ist doch dieser, daß auch der Wind und der See ihm gehorchen?

MK 4,35–41

Je nach der eigenen Einstellung und Frömmigkeitshaltung wird man eine Wundererzählung wie diese von der Beruhigung des Sturms auf dem See sehr unterschiedlich aufnehmen. Es gibt die sozusagen dingliche und handfeste Auffassung, und es gibt die eher symbolische oder mystische Weise, die Welt und die Geschehnisse darin zu deuten.

Man kann diese Erzählung sozusagen handfest begreifen wollen. Dann sind der Sturm und seine Beruhigung nicht ganz so wunderbar und sonderlich, wie es auf den ersten Blick scheinen mag, und dennoch hätte die Geschichte auch dann uns manches zu sagen. Der See Gennesaret liegt sehr tief, mehr als zweihundert Meter unterhalb des Meeresspiegels, und er ist umgeben von den hohen Flanken der Ausläufer des Libanon-Gebirges und der syrischen Höhenzüge. An Ausdehnung etwa zwölf mal zwanzig Kilometer messend, bildet er ein für gewöhnlich blank wie ein Spiegel daliegendes Oval, so daß die Araber diesen See noch heute das »Auge Gottes«, »en Allah«, nennen. Es kann dennoch sein, daß dieser ruhige See gefährlich wird, denn unversehens und plötzlich können Fallwinde in den oft durch Luftunterdruck gekennzeichneten Talkessel einbrechen. Fast senkrecht fallen sie auf die Wasseroberfläche, peitschen die Wellen unkontrollierbar hoch, und es ist äußerst schwer für ein Boot, noch so zu manövrieren, daß es in Sicherheit kommt. Genauso rasch, wie er einbrach, vergeht der Spuk, und bald schon liegt der See wieder ruhig und friedfertig da. So könnte der äußere Hergang gewesen sein – ein Wunder für Menschen, die aus Not gerettet werden, ein sozusagen normales Naturereignis für den äußeren Betrachter.

Wie aber gehen wir mit Gott um? Nimmt man den Text äußerlich, so werden wir in unserem Leben immer wieder hin und her gerissen zwischen Glück und Unglück, zwischen Schicksalsfügung und Schicksalseinbruch. In dem einen Fall werden wir Gott auf den Knien danken und froh sein, daß wir entrinnen durften und grade noch davongekommen sind. Im andern Fall werden wir aufschreien und Gott vorwerfen, daß er untätig schläft, statt sich um unsere Not zu kümmern, und wir werden mit dem Wehgeschrei unserer Angst und unseres Leids Gott wachzurufen versuchen. In beiden Fällen steht Gott uns gegenüber als unbegreifbar und allmächtig, als zu fürchten und zum Dank verpflichtend, immer aber fast fremd. Wir sind einem solchen äußerlich betrachteten Gott ausgeliefert auf Gedeih und Verderb.

Spätestens an dieser Stelle tun wir vielleicht besser daran, das Leben insgesamt, aber auch die einzelnen Ereignisse in unserem Leben, die wunderbaren Augenblicke zumal, innerlicher zu verstehen und mehr ins Symbolische zu wenden. Schon die frühe Kirche, spätestens das Johannesevangelium, hat in dem Meer nicht einfach einen bestimmten Ort in Galiläa gesehen, sondern ein Symbol für unsere Lebenssituation überhaupt. Es kann sein, wir werden ein paar dutzendmal in unserem Leben dem Tod »von der Schippe springen«, im ganzen aber ist er im Leben gegenwärtig wie ein gähnender Abgrund im Untergrund, und wir werden ihm im äußeren Sinne nicht entkommen. Tiefer betrachtet, ist schon unser eigenes Herz wie ein sich dehnendes Meer, das uns trägt und das uns verschlingen kann. Und in dieser Weise mag das Evangelium uns auffordern, uns nicht einfach nur an Gott zu wenden im Gebet um Rettung und mit Dank, wenn sie eintritt, sondern vielmehr die Haltung in uns aufzunehmen, die sich in Jesus selber verkörpert.

Manchmal, wenn der Lärm und der Trubel ringsum uns verlassen, bricht in uns ein innerer Sturm aus. Oft genug grad dann, wenn wir die Betriebsamkeit draußen entlassen, beginnt unser eigenes Herz zu stürmen wie ein von Windböen gepeitschter Ozean, und wir geraten darüber in Furcht vor uns selber, wissen uns nicht mehr zurechtzufinden, sehen nicht mehr geradeaus, möchten uns schützen und wissen nicht, wie, und mitten in der Angst fühlen wir, daß es sich unter uns zu öffnen droht, gähnend und gefährlich. Es ist schon in der Auseinandersetzung mit uns selber überaus wichtig, daß wir nicht die Angst allmächtig werden lassen. Keinen Teil der Schöpfung gibt es, am wenigsten in unserer eigenen Seele, den wir fürchten müßten wie etwas in sich selber schlechthin Unheimliches und Zerstörerisches. Wenn wir versuchen, zur Ruhe zu kommen, legen sich die Wogen und besänftigt sich der Wind. Immer wieder, wenn Menschen sich von den entfesselten Kräften ihrer eigenen Seele bedroht fühlen, rufen sie und verlangen sie nach Rat, was sie machen sollen, was zu tun sei gegen die Gefahr. Die Weisung dieses Evangeliums kann eigentlich nur lauten: Im Grunde ist gar nichts zu machen. Zu lernen, wie man innerlich zur Ruhe kommt und mitten im Sturm zum Frieden gelangt, dies ist es, worauf es in unserem Leben ankommt.

Wenn wir nur wagen, uns tiefer wahrzunehmen in dem, was sich in uns, in unseren Träumen, in den sanften Gesetzen unserer Seele regt, dann sind wir in Gott tiefer gehalten, stärker gefestigt, lebendiger verwurzelt, und es wird der gähnende Abgrund sich schließen und muß uns nicht mehr peinigen mit Not und Schrecken. Dann bleibt die Erfahrung, daß dieses Leben insgesamt kurzfristig, brüchig und vergänglich ist. Irgendwann werden die Augenblicke kommen, wo im äußeren Sinn keine Rettung mehr sein kann, wo das Meer als Symbol für das Nichts stehen mag, über dem unser ganzes Dasein in seiner Hinfälligkeit, Abgründigkeit und Bodenlosigkeit gelagert ist. Dann wird kein Arzt uns helfen können, kein weiser Ratschlag mehr, wir geraten an die Grenzen der irdischen Existenz. Dann ist es noch wichtiger, zur Ruhe zu finden gegen die Angst. Dann ist es noch entscheidender, sich in Gott zu verankern und den Schlaf zum Freund zu erwählen, ist doch sogar der Tod am Ende sein Bruder.

Es gibt Formen der Rettung, die im Irdischen nicht sichtbar sind, aber die in der Ewigkeit gelten, und wir sind ihnen um so näher, als wir uns den Frieden unseres Herzens in Gott nicht rauben lassen. Es ist die wichtigste Kunst und das eigentliche Wunder unseres Daseins, mitten in der Angst diesen Frieden, diese Ruhe, mag es um uns her stürmen, wie es will, nicht zu verlieren. Daß es sich dann um uns her beruhigt, ist nicht mehr so wunderbar, wie es scheinen will, denn die Gefahren, die plötzlich hereinbrechen, mögen plötzlich verschwinden, so wie sie gekommen sind. Darauf haben wir Einfluß oder auch nicht. Aber was in uns selber vorgeht und wie wir zu Gott stehen, dies gestaltet unser ganzes Leben, dies *ist* unser Dasein. Und diese Welt ist voller Wunder in jedem Augenblick, denn Gott verläßt uns nie, und er ist *immer* nahe, nicht erst dann, wenn wir zu ihm rufen.

Die Zeiten, in denen man Geschichten wie diese erzählen konnte, scheinen außerordentlich weit von uns entfernt zu sein. Wie weit, zeigte mir einmal ein älterer Mann, ohne auf dieses Evangelium auch nur Bezug zu nehmen. Man hatte ihn im Ersten Weltkrieg eingesetzt, um sich an der Seite der Türken mit Engländern und Arabern herumzuschlagen. Und eines Tages hatte er eine arabische Dhau, ein Segelschiff, bestiegen, als im Persischen Golf ein Sturm ausbrach und die Situation wirklich kritisch wurde. »Als die Kerle«, erzählte er, »schließlich damit anfingen, Koranseiten herauszureißen und auf das Wasser zu werfen, wurde es uns zu bunt, und wir nahmen selber das Kommando in die Hand. Wenn diese Leute nicht imstande sind, seetüchtige Boote für diese Breiten zu bauen, mag es noch angehen, aber dann sollten sie wenigstens das Material, das sie haben, vernünftig einsetzen.«

Diese Logik des Erstellens und vernünftigen Einsetzens macht weltweit jeder Religion den Garaus, die darin besteht oder mindestens darauf gründet, die Welt zu besprechen, um ihre Naturgesetze zu unseren Gunsten durch Gnädigstimmung eines gütigen und allmächtigen Gottes zu beeinflussen. Würde die Geschichte des Markusevangeliums auf *dieser* Ebene uns Mut und Vertrauen machen wollen, dann hätte sie uns nicht mehr zu sagen, bzw. was sie uns sagen wollte, wäre irreführend und falsch. Glücklicherweise enthalten diese Texte auf der symbolischen Ebene weit mehr, als daß sie von den Wundern der äußeren Natur berichten wollen. Gegenüber einem Seesturm genügt es sicher nicht, die Bibel zu zitieren, aber gegenüber dem Sturm unseres Herzens ist grade diese Haltung erforderlich, die Jesus uns vorlebt: mitten im Aufschäumen der Wogen im Heck des Bootes auf dem Kissen zu ruhen. Wie wir, wenn es stürmt und der Abgrund sich unter unseren Füßen öffnet, diese Art von Stille in unser Herz einziehen lassen, das ist die wirkliche Frage des Glaubens, und sie hört nie auf. Ohne sie werden wir mit keiner wirklichen Angst umgehen können, sondern uns ganz im Gegenteil bis zum Mittelpunkt der Erde immer tiefer hinabgezogen fühlen. *Mit* dieser Haltung einer ruhigen Stille beruhigt sich die Welt. Auf allen Ebenen läßt sich zeigen, daß es so ist.

Vor Jahren kam ein Student zu mir, der von Prüfungsangst bis in die Nächte verfolgt wurde. Er hatte fleißig gelernt und im großen und ganzen seinen Stoff wohl vor Augen, aber jetzt, über die Bücher gebeugt, tanzten ihm die Buchstaben vor den Augen, und er wußte nichts mehr sich einzuprägen, wo es doch grade darauf ankam, in diesen letzten Tagen und Wochen zum Endspurt anzusetzen. Es blieb nichts anderes übrig als die Kunst, eine Haltung zu lernen, auf die wir in unserer Kultur so gut wie gar nicht vorbereitet sind: die Kunst des Nichtmachens. Wir übten, die Prüfung buchstäblich zu vergessen.

»Was würden Sie denn tun, wenn Sie die Prüfung bestanden hätten?«

»Nun, dann würde ich meine Freundin heiraten.«

»Und wenn Sie verheiratet wären, was würden Sie dann tun, gesetzt, Sie hätten Geld genug und Freiheit genug?«

»Nun, dann würden wir weit weg gehen, irgendwohin, wo es ruhig wäre und abgelegen, und uns vielleicht ein kleines Haus mieten mit grünen Blendläden und einem kleinen Garten davor und einem Stall für Hühner und Kaninchen – wir würden einfach *leben.*«

Mit Träumen dieser Art, den Träumen eines kleinen großen Jungen, Paradiesesträumen, suchten wir die Prüfung zu vergessen und ihr im Vergessen die Bedeutung zu nehmen. In das Vakuum der Bedeutungslosigkeit der fertigen Leistungen rückte seine Person ein, der Wert seines Ichs. Man mußte ihm das nicht sagen, es geschah. Er brauchte es nicht zu machen, es wurde. Und tatsächlich bestand er seine Prüfung besser als gedacht.

Wohlgemerkt, es gibt kein Rezept darauf, und es läßt sich keine Garantie dafür ausstellen, daß es so funktionieren wird. Es gilt, das Vertrauen zu riskieren, daß es so sein könnte. Und natürlich kann man bemerken, daß es eine Alternative dazu schon gar nicht gibt.

»Bei Prüfungen«, mag man sagen, »könnte dies angehen, aber nach der nächsten Wegbiegung werden wir neue Zweifel haben.«

Was tun wir mit all den Ängsten, die von außen her kommen? Gibt es eine andere Anweisung als die der alten chinesischen

Weisheit und der Kultur der Religiosität Ostasiens: Durch das Nichthandeln ist alles gemacht, durch die Stille des Schlafens im Heck des Bootes auf dem Kissen, während ringsum der Sturm heult und die Wogen sich auftürmen. Es ist die Regel, mit der wir dem Hund auf der Straße begegnen. Er kläfft und läuft drohend hinter uns her. Wenn wir jetzt glauben, etwas tun zu müssen, werden wir mit Sicherheit etwas Falsches machen. Wir können schneller laufen, und der Hund wird auf Kurzstrecken schneller sein als wir. Wir können den Hund ankläffen, und er wird besser bellen und noch mehr knurren. Den Hund zu beißen ist nicht gut möglich. Wir können draufschlagen und werden ihn wirklich gefährlich machen. Das einzige, was wir im Umkreis der Angst tun können, ist, ruhig weiterzugehen. Vermutlich wird gar nichts passieren.

Und so mit allen Dingen. Einen jeden von uns hat man gelehrt, in ihm selber wohne ein bellendes und beißendes Raubtier, das er bezwingen, zähmen, unterdrücken, aussperren, womöglich abschaffen und töten müsse, seine innere Natur sei etwas Gefährliches, dem man nur mit Aufmerksamkeit und Zwang begegnen könne. Wir nennen diesen Zwang Moral und haben vom Kleinkindalter an fertige Begriffe dafür, wie man sein muß, um *richtig* zu werden: Gehorsam, Elternliebe, Treue, Anstand, Fleiß, Tüchtigkeit, Pünktlichkeit, Korrektheit – mit hundert Begriffen tyrannisieren wir uns und unsere wirkliche Natur. Und je erfolgreicher wir uns anpassen, um so mehr bleibt in den Schattenzonen der Zwänge von unserem wirklichen Wesen übrig – so viel, daß es tatsächlich zum Fürchten wird. In Wahrheit brauchte man einem Kind nicht zu sagen, daß es seine Eltern lieben soll. Ganz von allein liebt es seine Eltern. Schon weil es die Eltern braucht, hängt es an ihnen mit einer gesunden Mischung von Vertrauen, wohlverstandenem Egoismus und einer gradezu zärtlichen Aufmerksamkeit. Wenn Menschen mit sich im Einklang sind, sind sie auch gut im Sinne der Moral. Aber alles, was man ihnen aufnötigt, verwirrt ihr Herz und gibt keine Anweisung von innen her, Stille einziehen zu lassen.

Am meisten glauben wir machen zu müssen, wenn es darum geht, das Nötigste in unserem Leben zu erringen: ein bißchen Liebe in den Augen eines anderen Menschen. Wir strengen uns dafür so sehr an, und grade in diesem Punkte herrscht die meiste Verwirrung darüber, wie man sein muß, und die meiste Angst darum, erfolgreich zu sein.

Eine Frau, die von Hause aus sehr schön ist, hat man schon als Kind gelehrt, daß sie sich »so« nicht anziehen dürfe, es sei verführerisch, sie müsse sich vor sich selber schämen, so zu sein, also daß sie, statt ein wenig stolz auf sich zu werden, furchtsam, gedrückt, voller Minderwertigkeitsgefühle durch das Leben geht. Andererseits muß sie aber eine gute, erfolgreiche, in jeder Gesellschaft Aufmerksamkeit erregende Person werden, also daß sie sich in anderem Betracht sehr auffällig benehmen muß. Und zwischen beidem, der Unterdrückung und der Provokation, findet sich kein Mensch zurecht. Man muß grade das wünschen, was man am meisten fürchtet, und grade das fliehen, was man eben als Erfolg einheimsen könnte. Es ist das übliche Verwirrspiel dessen, was wir Moralität, Anstand, Würde, korrekten Umgang und derlei mehr nennen. Wären wir nicht viel liebenswürdiger und liebenswerter in unserer einfachen Natürlichkeit, wenn wir gar nichts »machten«, sondern sagten, was wir fühlen, lebten, was wir denken, in Übereinstimmung mit uns selber, und darauf warteten, daß Menschen an unserer Seite sind, die grade das mögen? Jede Blume auf dem Feld beherrscht diese Weisheit. Sie ist einfach nur, und es wächst ihre Gestalt, und es reift ihre Art.

Wir könnten noch denken: »Aber wenigstens im Umgang mit der äußeren Natur müssen wir gegen Gefahren und Gefährdungen wirklich etwas tun!« Nicht ausgeschlossen, daß das einmal richtig ist. Im großen und ganzen merken wir aber, daß selbst unsere Erfolge schließlich zu den größten Gefahren werden. In den letzten dreißig Jahren haben wir mit Fleiß und Tüchtigkeit in der äußeren Natur Sümpfe trockengelegt, Wälder gerodet oder aufgeforstet, Marschlandschaften vorgedeicht, die Hochalpen touristisch erschlossen, wir haben die Natur aufgeräumt und haben sogar mit der Natur aufgeräumt. So daß wir für viel Geld wieder damit anfangen müssen, die begradigten Flüsse mit Uferbesatz zu versehen, die aufgeforsteten Wälder ihrer eigenen Gesetzlichkeit zu überlassen, die brachliegenden, überdüngten Felder einer vernünftigen Landwirtschaft zuzuführen. Wir räumen die Natur, ziehen sie wie eine Kleingartenkultur und scheitern am Ende an unserem eigenen Fleiß. Wer lehrt uns die einfache Kunst, die Dinge sein zu lassen und das Nichthandeln zu üben?

Es gab vor Jahrhunderten in Ostasien, im alten China, Haltungen und Einstellungen der Religion, die besser als jeder Text des Abendlandes erklären könnten, woraus Jesus lebte und was er verkörperte, als er mitten im Sturm im Heck des Bootes schlief. So sagt uns der chinesische Weise Tschuang-tse in seinem »Südlichen Blütenland«:

»Des Himmels Sinn ist es, seine Kreise zu vollenden und nirgends sich zu stauen; darum kommen alle Geschöpfe zustande. Des Berufenen Sinn ist, seine Kreise zu vollenden und nirgends sich zu stauen; darum gehorcht ihm alles Land. Seine eigenen Taten sind unbewußt, alles ist still in ihm. Des Berufenen heilige Stille ist nicht Stille als solche; er ist gut, darum ist er still. Die Dinge der Welt vermögen sein Herz nicht zu stören, darum ist er still. Ist das Wasser still, so spiegelt es klar jedes Härchen. Die Wasserwaage nimmt der kundige Handwerker zur Richtung. Ist also stilles Wasser klar, wieviel mehr der Geist. Das Herz des Berufenen ist stille, darum ist es der Spiegel von Himmel und Erde. Wer Frieden hat mit dem Himmel, der bringt die Welt ins Gleichgewicht und lebt im Frieden mit den Menschen. Das Leben der Herrscher und Könige hat Himmel und Erde zum Vorbild. Der Himmel gebiert nicht, und doch wandeln sich alle Geschöpfe. Die Erde macht nichts wachsen, und doch werden alle Geschöpfe ernährt. Die Herrscher und Könige handeln nicht, und doch sieht die Welt ihre Werke. So heißt es: Nichts ist göttlicher als der Himmel, nichts ist reicher als die Erde, nichts ist größer als der Herr. So heißt es: Der Herren und Könige Leben ist in Gemeinschaft mit Himmel und Erde, das ist der Sinn, der Himmel und Erde gebraucht, der alle Geschöpfe im Lauf der Erde erhält und die menschliche Gesellschaft in Dienst nimmt. Wer lehrt uns, zu schlafen mitten im Sturm, daß große Stille eintritt? Durch das Nichthandeln ist alles gemacht.«

Als aber Jesus Leute um sich sah, befahl er, zur Jenseite wegzufahren. Und ein Schriftgelehrter kam herbei und sprach zu ihm: Lehrer, ich will dir folgen, wohin du auch gehst. Jesus aber sagt zu ihm: Die Füchse haben Höhlen, und die Vögel des Himmels Nester; doch der Menschensohn hat nichts, wo er den Kopf hinbetten könnte. Ein anderer von seinen Jüngern sprach zu ihm: Herr, erlaube mir, daß ich zuerst weggehe und meinen Vater begrabe. Jesus aber sagt zu ihm: Folge mir! Und den Toten überlaß es, ihre Toten zu begraben.

Und als er ins Boot eingestiegen, folgten ihm seine Jünger. Und da! Ein gewaltiges Beben entstand im See, so daß vor lauter Wogen das Boot verschwand. Er aber schlief. Da traten sie heran, weckten ihn und sagten: Herr, rette! Wir gehen zugrunde. Sagt er zu ihnen: Wie feig ihr seid, ihr Kleingläubigen! Dann richtete er sich auf, herrschte die Winde an und den See – und es ward große Stille. Und die Männer staunten und sagten: Was ist das für einer, daß auch die Winde und der See ihm gehorchen? MT 8,18–27

Das gesamte achte Kapitel des Matthäusevangeliums und noch Teile des neunten sind eine einzige Abfolge von Wundern. Da zeigt Matthäus im Anschluß an die Bergpredigt die Vollmacht Jesu, Wunder zu wirken bei Juden und Heiden, mitten im Kreis seiner eigenen Jünger und dann draußen im Volk. So in der Vorgeschichte dieser Szene. Danach aber wird Jesus Menschen von Besessenheit und Wahnsinn, von Gelähmtheit und Sünde heilen, und in all dem gilt, daß sich erfüllt, was der Prophet Jesaja sagte: »Da wird einer kommen, der unsere Leiden hinwegnimmt. Er erfüllt all unsere Sehnsucht.«

Wenn wir diese Worte hören, scheint es uns – entsprechend der Art, wie wir gewohnt sind, Jesus zu sehen –, daß da jemand vor uns steht, der kraft des Übernatürlichen Einwirkung auf uns Menschen hat. Das Übernatürliche gilt uns für das Wunderbare, und Jesus scheint um so besser beglaubigt, als wir ihn aus einer anderen Welt, mit übermenschlichen Kräften ausgestattet, weit von uns abgerückt in unsere Schwachheit hineinwirken sehen. Grade das Matthäusevangelium hat für diese Art, von Jesus zu denken, eine Menge von Beispielen und Aussprüchen gesammelt und zusammengestellt. Plötzlich aber, grade in diesem Abschnitt, bietet Matthäus eine überraschend moderne Sicht, könnte man beinahe sagen: Wunder einmal nicht abgerückt von uns selber, Göttliches nicht gegen Menschliches gestellt, sondern mit ihm auf das engste verbunden als eine symbolische Antwort auf unsere menschlichen Gefährdungen mit unseren Fragen, Konflikten und Problemen, und dort erst wandelt sich unser eigenes Dasein ins Heilwerdende, ins Tragende, also ins Gesunde, Offene und Freie.

Matthäus nimmt, um das mitten im achten Kapitel zu zeigen, zwei ganz verschiedene Überlieferungen zusammen, eine aus den Redesammlungen, eine ganz andere aus dem Markusevangelium, und montiert sie kunstvoll zusammen um eine Szene, die er selbst erst schafft: Jesus verabschiedet sich von der Menge, steigt in das Boot, und plötzlich ist nichts mehr, wie es war. Wir betreten eine vollkommen symbolische Landschaft. Da geht es nicht mehr um den See Gennesaret, nicht um ein sturmgepeitschtes Wasser, da geht es nicht mehr um Meteorologie und Hydrologie, wohl aber um die Herausforderungen und Gefährdungen unseres Lebens.

Damit beginnt der erste Abschnitt: Es kommt ein Schriftgelehrter zu Jesus, einer, der sich gleichsam verirrt hat aus der Gruppe derer, die ansonsten Jesus fast berufsmäßig verfolgen und traktieren. Er versucht es, hängt sich an Jesus und erklärt, wie mit der Unterschrift unter einem Blankoscheck: »Ich will dir folgen, wohin immer du fortgehst.« Und Jesus antwortet mit einem Weisheitswort, vermutlich gar nicht von ihm stammend, einem altorientalischen Spruch über die Situation der Menschen: »Die Füchse haben Höhlen und die Vögel Nester; aber was wird aus den Menschen? Eigentlich gehören sie nirgendwo hin.«

Was soll das an dieser Stelle? fragt man sich. Der Zusammenhang scheint ungefähr der zu sein: Es hat sich jemand professionell mit Fragen der Religion beschäftigt; er hat eine ganze Menge von Auskünften über Gott in seinem Mund, in seinen Ohren, vor seinen Augen; scheinbar kennt er alles, und er erwartet, daß auch Jesus in diesem Gefälle nur noch ein paar Fortschritte hinzufügt. Dem wird er sich anschließen. Mit einer

Bahn, die ihn auf dem gebahnten Geleise nur noch ein paar Stationen weiterträgt, wäre er einverstanden. Aber nun, fast schroff, erklärt ihm Jesus, daß das ganze Schriftgelehrtentum, die gesamte Theologie mit einem Wort, schlicht und einfach scheitert und scheitern muß an dem, was Menschen sind. Da wird aus einem Spiel mit Bildern der altorientalischen Weisheit eine Symbolrede über die Offenheit der menschlichen Existenz. Was bedeutet es, ein Mensch zu sein?

Manchmal könnte man neidisch werden auf die Tiere. Die einen unter den Menschen folgen dem einen Teil der Tiere. Auf alle Angst, alle Ungeschütztheit, alle Bedrohtheit des menschlichen Daseins haben sie eine fertige instinktive Antwort: sich an die Erde ducken, sich möglichst klein und unauffällig machen oder noch besser: sich eingraben bis zum Nicht-Mehr-Auffinden, völlig verschmelzen mit der Erde, die Strebung nach unten einseitig als Fluchtrichtung wählen. In diesem Sinn zu leben, wie die Füchse, das hieße, das gesamte Dasein zu verbringen mit Fragen der irdischen Existenzsicherung: je eingegrabener, je verbunkerter, desto besser, desto geschützter, scheinbar desto geborgener. Es kann eine ganze Lebensrichtung bestimmen, nach diesem Vorbild sich zu entwerfen. Das gesamte Leben besteht nur darin, es zu sichern, es zu fundieren, es buchstäblich immer tiefer in der Erde einzubuddeln. Keine Frage dringt da aus dem Dunstkreis der Existenz – nicht einmal mehr von Füchsen, sondern von Maulwürfen – hinaus.

Es gibt aber noch eine andere Möglichkeit: zu leben wie die Himmelgeborenen, wie die Vögel, und sein Nest, sein Zuhause hoch in die Bäume zu bauen. Auch das gibt es. Man kann alle irdischen Rücksichten vernachlässigen, man lebt nur noch im Geisterreich, in Theorien, Gedanken, Abstraktionen, Welterklärungen. Man sitzt so zwar auf schwankendem Ast, aber man hat doch sein Nest; dort richtet man sich ein. Es gibt am Ende, so stürmisch auch immer die Welt des Geistes sein mag, doch die treffsicheren, die eindeutigen, die klaren Erklärungen.

Wir Menschen sind weder Füchse noch Vögel, sondern halbierte Existenzen. Das, worauf es ankommt, was uns wirklich zu Menschen macht, ist grade das Leben zwischen Himmel und Erde, ein Ausgespanntsein zwischen den Extremen. Über diese

Erde zu gehen und den Himmel nicht zu vergessen und den Himmel zu berühren, ohne die Erde zu verleugnen – das heißt *menschlich* zu existieren. Aber es heißt auch immer ausgespannt zu sein, nie definiert zu sein, an keinem Morgen zu wissen, was noch kommt, unabgeleitet sich zu riskieren – es ist das Ende der Schriftgelehrtheit, es ist der Anfang eines wirklichen Wagnisses. Wir Menschen haben keinen festen Ruheort auf Erden.

Kaum taucht dies auf, da kommt schon der nächste, diesmal aus dem Kreis der Jünger, und möchte Aufschub an der Seite Jesu bei diesem Gang über die Erde ins Unendliche. Was er vorbringt, ist Gegenwart in jeder Religion: »Laß mich meinen Vater begraben!« Es ist die beste Energie der Pietät, der Hingabe, der Treue, des Versuchs, etwas heilig zu halten, die sich hier von Jesus entfernt, die Gefahr läuft, hinter ihm zurückzubleiben. Was wäre Religion, selbst im Kreis der Jünger Jesu, anderes als ein Versuch, etwas Totes anzubeten und die Vergangenheit mächtig werden zu lassen über die Gegenwart? Eine solche Religion lebt ständig rückwärts. Wir kennen das in der Kirche nur allzu gut. Alles, was wir tun, gleicht einem endlosen Grabzug von verstorbenen Vätern und Vorvätern. Am Ende gehört sogar Jesus selber dazu. Wir erklären ihn für lebend, aber in Wahrheit tragen wir ihn zu Grabe. Wenn der Preis des Menschseins Ausgespanntheit und Angst ist, ist es der Preis der Verleugnung des Menschseins, in einer ständigen Trauer zu leben. Man kommt nie in die Gegenwart, nie ins wirkliche Dasein, man ist immer mit dem Vorgegebenen beschäftigt, und es zermürbt so sehr. Es gibt keine Freude, keinen Aufbruch, kein wirkliches Nach-vorne-Gehen. Die Vergangenheit hat die Macht, alles Zukünftige zu verstellen, sie befiehlt sogar, daß nie etwas neu werden kann, denn es muß immer bleiben, wie es schon war – eine Religion der Väter. Jesus ist an dieser Stelle sehr schroff: »Laß das die Toten tun: die Toten begraben!« Eine solche Religion erklärt er für eine Friedhofsangelegenheit; sie ist nichts, was mit Gott zu tun hat. »Gott ist ein Gott der Lebenden, nicht der Toten«, sagt Jesus an entscheidender Stelle einmal gegenüber den Sadduzäern.

Wenn es so steht, bleibt uns nichts als die Ungewißheit und das Wagnis und als die Gegenwart mit ihren Abenteuern. Da gibt es keine Sicherungen, weder geistig noch materiell, weder kulturell noch traditionell, alles, was wir sind, entscheidet sich jetzt, unter den Augen Gottes. Das ist der Sinn des ganzen Abschnittes. Die tradierte Religion genauso wie die schriftgelehrte Tradition und Religion scheitern an der Existenz des Menschen.

Dann versteht man, warum die nächste Szene mit einem Seebeben beginnt, nicht einfach mit einem Sturm. Da steigt Jesus als erster in das Boot, wie wenn er wüßte, was ihm bevorsteht, und seine Jünger folgen ihm. Vergessen, daß Jesus Abschied nimmt von dem Überdruck der Menge, um jenseits, am anderen Ufer, einmal allein zu sein. Hier wird ein Abenteuer bestanden, hier wird die ganze menschliche Existenz auf die Probe und ins Bild gesetzt. Hinein ins Boot, und die ganze Welt wie ein kochender Kessel, nichts, was da trägt! Genau darum ging es eben, und jetzt wird es zur Erfahrung. Das Unglaubliche aber ist, daß in dieser Szene, mitten in dem total beunruhigten Dasein, Jesus im Boot liegt und schläft. Sören Kierkegaard schrieb, als er das einmal las, mit zitternden Fingern in sein Tagebuch: »Das können nur Tiere und Kinder, mitten in der Angst schlafen. Und dann kann es wieder der Gottessohn. Und was tun wir Menschen?« Und was nennen wir, müßte man hinzufügen, den Sohn Gottes? An dieser Stelle genau denjenigen, der so sein kann: Er vergißt die Angst, er kennt sie scheinbar gar nicht, und er schläft im Boot. Was ihn umgibt, sind die Hände Gottes, nichts weiter. Das ist es, was trägt.

Nicht die irdischen Sicherungen, nicht die himmlischen Nester, nicht die vorgegebenen Definitionen, aber ein unsichtbarer Raum der Geborgenheit, in dem man schläft und wacht, wie der Rhythmus der Zeit es gebietet. Es gibt keine Hast, es gibt keine Unruhe, es gibt kein Fliehen, es ist nur ein einfaches *Sein*. Ein besseres Bild für das, was Glauben heißt, kennt das ganze Neue Testament nicht. Wie sehr Matthäus das betonen will, zeigt er, indem er die Vorlage des Markusevangeliums umändert. Markus noch hat ein Interesse, eine äußere Wundergeschichte zu erzählen. Da rufen die Jünger ihren Meister um Hilfe, beschweren sich förmlich: »Herr, du schläfst, während wir versinken!«, und Jesus geht auf den Notschrei der Jünger ein, besänftigt den Sturm, daß der See sich beruhigt. Hier ganz anders. Noch ehe Jesus irgend etwas tut, redet er mit seinen Jüngern. Weit wichtiger als das Tosen der See ist die Unruhe in ihrem Herzen, und er kennt kein Pardon: »Was seid ihr für Feiglinge!« Es ist nicht richtig, nach all dem, was Jesus gesagt, was er getan hat, immer noch dazusitzen und das einfache Leben mit aufgerissenem Mund und schreckgeweiteten Augen zu verfolgen, immer nur Opfer, immer nur hin und her geworfen, nie wirklich Mensch, nie wirklich fest, nie wirklich handelnd und lebend. Und er fügt gleich hinzu: Diese Feigheit hat einen Grund, sie ist nicht rein psychologisch, ein Naturell sozusagen, nach dem es Angsthasen und Dickschwarten unter den Menschen gibt; worauf es ankommt, ist, wieviel Vertrauen jemand hat. Und die Jünger hier sind allesamt viel zuwenig Vertrauende. *Das* gilt es zu lernen. Man muß an dieser Stelle denken, daß sie's gelernt haben und daß erst aus ihrem erwachenden Vertrauen Jesus die Möglichkeit gewinnt, das Beben der See zu beruhigen.

Und jetzt tritt eine große Ruhe ein, eine große Stille. Wer das je in seinem Leben erfahren hat, weiß, wie es weitergeht. Es mag passieren, was will, er wird sich erinnern, daß es schon einmal so war. Alles ging drunter und drüber, alles schlug über Bord von allen Seiten, es gab kein Nach-vorn-Hin und kein Zurück, kein Ausweichen zu beiden Seiten, es gab nichts als die bodenlose Angst, keine Orientierung, keine Planung, nichts, was noch zu tun war, man fühlte sich nur geworfen und ausgesetzt. An dieser Stelle aber käme Beruhigung in unser Leben nicht durch das, was wir machen und uns vorsetzen, sondern einzig durch ein Vertrauen. Es wäre alles, was Jesus uns schenken wollte, diese große Ruhe, diese Stille, dieses Sich-Versammeln in allem. Dann fragen die Menschen, wer der denn ist, und wir können so viele Namen für ihn erfinden, wie wir wollen, ob wir sagen, er ist der Gottessohn, der Messias, der Prophet, der Wundertäter – was er wirklich ist, als Erklärung alles Wunderbaren, ist, daß von ihm ein Vertrauen ausgeht, das mitten im Sturm, mitten im Beben die ganze Welt beruhigt und uns zurückgibt den unsichtbaren Händen Gottes, die uns geformt haben, als sie uns schufen, und die uns tragen, solange wir sind, und die uns aufnehmen am jenseitigen Ufer. Mehr brauchen wir nicht zu wissen, nicht über uns und nicht über Jesus. Es wird so weitergehen. In der nächsten Szene wird Jesus zwei Besessene, zwei bis zur Psychose von Angst Zersetzte, dann einen Gelähmten, der sich vor Schuldgefühlen nicht zu rühren wagt, heilen. Und mitten in die Zerstörung des Geistes und mitten in die Verwirrung des Herzens wird er dieses Vertrauen tragen, bis Menschen selber leben, aufrecht und ganz.

Die Tochter des Jairus

Noch redet er, da kommen sie vom Synagogenvorsteher und sagen: Deine Tochter ist gestorben. Was behelligst du noch den Lehrer? Aber Jesus, der nebenbei gehört hatte, was geredet wurde, sagt zum Synagogenvorsteher: Ängste dich nicht – glaube nur! Und er ließ keinen in seinem Gefolge mitgehen, außer Petrus und Jakobus und Johannes, den Bruder des Jakobus. So kommen sie ins Haus des Synagogenvorstehers. Und er schaut den Aufruhr an und wie sie weinen und laut wehklagen. Und eintretend sagt er zu ihnen: Was seid ihr aufgebracht und weint? Das Kind ist nicht tot, es schläft. Da verlachten sie ihn. Er aber treibt alle hinaus, nimmt den Vater des Kindes und die Mutter samt seinen Begleitern und geht hinein, wo das Kind war. Und er ergriff die Hand des Kindes und sagt zu ihm: Talita kum! – Das heißt übersetzt: Mädchen, ich sage dir, wach auf! Und gleich stand das Mädchen auf und ging umher; es war ja schon zwölf Jahre alt. Und gleich gerieten sie außer sich – gewaltig außer sich. Er aber gebot ihnen streng, keiner dürfe das erfahren. Und er sprach, man solle ihr zu essen geben. MK 5,35–43

Kann es sein, daß ein Menschenleben zu Ende ist, kaum daß es begonnen hat? Dieses Evangelium erzählt von dieser Möglichkeit und dem Weg, sie zu überwinden.

Es ist schlimm, daß der Tod die Macht hat, sehr früh schon, scheinbar willkürlich und wann es ihm beliebt, das Leben von Menschen, die uns nahestehen, hinwegzuraffen, und die Traurigkeit und der Schmerz, die das Kommen des Todes begleiten, sind schrecklich. Schlimmer aber ist es, daß die Angst vor dem Tode ein Menschenleben zu ersticken vermag, das keine Möglichkeit besitzt, frei und selbständig zu seinem eigenen Dasein aufzublühen. Es ist möglich, daß man aus Angst und Sorge um das Verlöschen der Kerze des Lebenslichts einem Menschen einen solchen Glassturz von Behütung und Obhut überstülpt, daß es zum Ersticken wird. Und grade das scheint zwischen dem Synagogenvorsteher Jairus und seiner Tochter der Fall zu sein.

Das sogenannte Mädchen ist zwölf Jahre alt, wie man ganz am Ende der Geschichte erfährt – das Alter, in dem man im alten Israel heiratsfähig war und als eine erwachsene Frau galt. In grade diesem Moment geschieht es, daß des Jairus Töchterlein, wie wir es immer wieder angeredet hören, nicht mehr zu leben weiß, sondern in seiner Kammer liegt wie tot. Einen Augenblick lang fordert uns diese Geschichte auf, darüber nachzudenken, was aus einem Menschen wird, wenn wohlmeinend, fürsorglich, bemüht, verpflichtet und verantwortlich von ihm stets nur die Rede ist als »Tochter oder Sohn des Vaters soundso«. In vielen Sprachen existiert diese Namengebung, wonach jemand als Heinrichsen oder Jakobsen oder Gunnarsen zur Welt kommt, nur besteht das Geheimnis eines Menschen darin, daß er niemals bloß der Sohn des Heinrich, Jakob oder Gunnar oder die Tochter dieser Väter sein kann. Es ist erdrückend, wenn sich das Leben eines Menschen nur definieren soll als Schattenbild und Nachgestalt dessen, was Erziehung, Umgebung und der Einfluß der prägenden Vorschriften und Vorstellungen der Eltern aus seinem Leben machen wollen.

Vielleicht war das Dasein der Tochter eines Synagogenvorstehers so ähnlich beschaffen, mag man denken, wie das Leben von Kindern eines Dorfschullehrers oder eines protestantischen Dorfpfarrers noch vor ein paar Jahrzehnten. Sie hatten das Aushängeschild, das Musterbeispiel elterlicher Erziehungskunst zu sein. Andere Kinder mögen tollen oder spielen oder Unfug treiben, wie sie wollen, eines Synagogenvorstehers Tochter muß an sich halten, denn man sieht auf sie. Wenn sie sich blamiert, blamiert sie ihren Vater mit. Das mag eine ganze Weile lang so gutgehen, und es mag schließlich sogar der Stolz einer Tochter sein, zum Stolz ihres Vaters zu gereichen, doch an der Grenze zum Erwachsenwerden muß dieses Arrangement sich auflösen in eine Kette von Angst und Schuldgefühlen. Einerseits hat man nicht gelernt, für sich selber zu entscheiden; die Wahrscheinlichkeit, daß man es falsch machen würde, war zu groß, die Abhängigkeit, ja die Verpflichtung, sich vom Vater beschützen zu lassen, übermächtig. Andererseits spürt man und will man den Drang zum eigenen Leben entfalten. Es gibt starke Energien der Lebenssehnsucht, der sich regenden Liebe, der eigentlichen Phantasie vom Dasein, und sie lassen sich nicht einfach zurückdrängen; ebendeshalb erzeugen sie Furcht und das ständige Gefühl von Vorwurf und Strafe.

Es kann ein Leben, das nur in verantwortlicher Fürsorge geführt wird, tödlich werden. Und für den Vater Jairus ist es wohl kaum begreifbar, wie sehr er vielleicht selber die Ursache der lebensgefährlichen Erkrankung seiner Tochter ist. Dürfen wir annehmen, daß es kein Zufall ist, daß des Jairus Tochter erst sterben muß, um zum Leben zu kommen, daß ihrem Vater auf dem Weg nach Hause diese Grenzsituation eines äußeren Verlustes grade unter den Augen und unter den Händen Gottes zugemutet werden muß, ehe seine Tochter leben kann? Offensichtlich ist es so. Aber grad an dieser Stelle erfährt man etwas außerordentlich Dramatisches, fast Trauriges, unbedingt Verzweifeltes. Der Synagogenvorsteher wird Sabbat um Sabbat den Namen Gottes im Munde geführt haben; nun, wo die Leute ihm sagen: »Deine Tochter ist tot«, hört man, daß alle seine Hausgenossen in Wahrheit nicht an Gott glauben, wohl aber an die Allmacht des Todes. Der Tod ist für sie die letzte, wahre Realität.

Und hier ist der Punkt, an dem man alles zu begreifen beginnt: die ganze Art, wie man im Durchschnitt miteinander lebt. Es läßt sich gar nicht deutlich genug sagen. Wenn wir *dies* Liebe nennen: einander das irdische Leben zu sichern und mit äußerster Energie gegen die scheinbar absolute Macht des Todes anzukämpfen, verformt sich unser Miteinanderleben zu einer terroristischen Todespraxis aus Fürsorge, Zwang, Dirigismus und erstickender Einengung. Es ist nicht möglich, daß die Liebe atmen kann, wenn es nur das irdische Leben gibt, denn die Liebe lebt von der Freiheit, von der Eröffnung eines unendlichen Horizonts, von dem Wissen um die Unableitbarkeit, die Ewigkeit, die unendliche Größe des anderen, den man liebt. Die Liebe ist die stärkste Versicherung, daß es ein ewiges Leben gibt, und die Geschichte von der Tochter des Jairus zeigt zunächst am allermeisten dies: daß zur Menschlichkeit der Liebe, zum Wagnis der Freiheit, zur Fähigkeit, den anderen wachsen zu lassen im Licht Gottes, das Vertrauen in die Unsterblichkeit, in die

Ewigkeit des Lebens gehört. Jesus spricht davon, und er stellt es aufs Wort so einander gegenüber: »Das Mädchen«, sagt er, »ist nicht tot, es schläft nur«. Und er will damit sagen: Unter den Augen Gottes gibt es keinen Tod, es gibt nur einen Übergang in die Ewigkeit. Da lachen sie ihn aus. Auf keiner Bibelseite findet man so ein zynisches und grauenhaftes Gelächter der selbstgewissen Verzweiflung. Aber leben wir im Durchschnitt soviel anders? Wir geben uns ganz sicher, daß man im Leben wissen muß, wie man richtig parkt, die Steuererklärung ausfüllt und Geld abholt, welche Nahrung man braucht, welche Diät man einhält, welche Medikamente man nimmt. Das alles muß man unbedingt wissen und ein paar kleine Tricks noch zusätzlich. Ob es Gott gibt, muß man schon nicht mehr wissen, ja, man kann es eigentlich auch gar nicht mehr wissen, oder es ist unvornehm und peinlich geworden zu sagen, daß ein ganzes Leben davon abhängen könnte, zu wissen, ob es Gott gibt. All das ist etwas Relatives geworden; die bürgerliche Existenz aber und wie sie sich erhält, scheint selbstgewiß und in sich ganz beruhigt. Die Kehrseite ihrer Selbstberuhigung ist der zynische Spott über jede Hoffnung, das Totschreiben des Lebens mitten im Leben, das Schließen einer Welt, eindimensional wie unter dem drückenden Gewicht eines Sarkophags.

Was also soll Jesus anderes tun, als die ganze Trauergesellschaft hinauszuwerfen? Er wirft sie hinaus und nimmt nur noch die Leute mit, die willens sind, das Leben tiefer zu sehen. Und da begibt sich das Wunder: Während sonst die Hände eines Menschen schwer und lastend, mit Zwang und Druck auf dem anderen liegen können, berühren die Hände Jesu die Hand des Kindes, das eine Frau ist, so, daß es sich aufrichtet. Eine wunderbare Mischung der Anrede: »Mädchen«, soll heißen: »Ich verstehe all deine Angst, die man dich gelehrt hat, ich verstehe deine Furcht, auf eigenen Beinen zu stehen, ich begreife sehr wohl, wieviel an Abhängigkeit, an Fügsamkeit, an falschem Gehorsam und Sicherheitsstreben man dich gelehrt hat. Und doch: Steh auf. Unternimm den Weg, den du selber gehen kannst, steh auf eigenen Beinen und bestimme selber die Richtung.« Und es geht, das Kind geht, buchstäblich, selbständig.

Es gilt zu verhindern, daß daraus wieder ein großes Gerede für große Menschenmengen wird, denn solche Wunder bestehen grade darin, unabhängig zu werden vom Gerede der Leute. Darum verbietet Jesus, daraus ein Schaustück für die Öffentlichkeit zu machen. Die wahren Wunder Gottes ereignen sich im Herzen. Aber nun gilt, daß man im Begreifen der Unendlichkeit dieses kleine Leben liebgewinnen kann, und es gibt nicht mehr die Gegensätze zwischen Diesseits und Jenseits. Belehrt zur eigenen Freiheit, vermag die Frau, die aufhört, des Jairus Töchterlein zu sein, zu essen, selber zu wachsen und das Leben nicht mehr zu verachten, weil es ein unendliches, kostbares und ewiges Gut ist aus den Händen Gottes, berufen zur Liebe, berufen zum Himmel.

Ein Taubstummer

Abermals kam er, aus dem Gebiet von Tyrus kommend durch Sidon, an den See von Galiläa – mitten ins Zehnstädteland. Und sie bringen ihm einen Tauben und Halbstummen und ermutigen ihn, daß er ihm die Hand auflege. Nachdem er ihn von den Leuten weg abseits genommen hatte, steckte er die Finger in seine Ohren, spuckte und hielt seine Zunge fest. Und aufblickend zum Himmel stöhnte er auf, und sagt zu ihm: Effata! Das heißt: Öffne dich! Und gleich ward geöffnet sein Gehör und gelöst die Fessel seiner Zunge, und er redete richtig. Dann mahnte er sie, es keinem zu sagen. Aber so sehr er sie mahnte: Sie verkündeten es nur um so mehr. Und bestürzt waren sie über die Maßen und sagten: Gut hat er alles gemacht. Die Tauben macht er hören und die Stummen reden.

MK 7,31–37

Ein Mensch, um menschlich zu leben, muß sprechen können und dürfen. Denn dies unterscheidet uns am meisten von allen Mitgeschöpfen: daß wir imstande sind, nicht nur in Zeichen und Gebärden uns mitzuteilen, sondern in Worten einander eine ganze Welt zu schenken und zu sein. Menschen können aber Sprache nur ausbilden, wenn mit ihnen gesprochen wird. Und wiederum können sie den Sinn von Worten nur begreifen, wenn sie imstande sind, sie selber zu sprechen.

Es gibt für diese Wahrheit ein schreckliches Beispiel. Am 4. November 1970 fand man in den Vereinigten Staaten ein Mädchen im Alter von dreizehn Jahren und sieben Monaten. Jeannie war von ihrem psychotischen Vater vom zwanzigsten Lebensmonat an in eine kleine dunkle Kammer eingesperrt worden. Kein menschliches Wort durfte an das Ohr des Mädchens dringen. Als man es fand, war es 1,35 m groß, wog ganze fünfundzwanzig Kilo und war außerstande, gerade zu stehen oder Nahrung beim Essen zu kauen. Seither hat Jeannie jede Art von Zuwendung und Fürsorge erfahren, damit sie die schweren Entbehrungen so vieler Jahre überwinden möchte. Aber es dauerte fast sieben Jahre, ehe man von der nunmehr Zwanzigjährigen berichten konnte, sie habe ein Bild mit ein paar Worten gemalt. Es handelte sich um eine Umrißzeichnung einer Frau, darunter hatte Jeannie geschrieben: Ich vermisse Mama. Die linke Hand dieser Frau hatte sie sehr groß gemalt und eigens hinzugefügt: Mamas Hand. Auf dem Arm aber dieser Frau hatte sie ein puppenähnliches Wesen gezeichnet und dazu geschrieben: Baby Jeannie.

In der gesamten psychologischen Literatur findet sich kein anderes Beispiel, das so erschütternd und nachhaltig zeigen würde, was wir Menschen benötigen, um sprechen zu lernen, und was wir als erstes sagen würden, wenn wir sprechen dürften.

Es ist dieselbe Erfahrung im heutigen Evangelium, wenn die Leute den Taubstummen zu Jesus bringen mit der Bitte, ihm die Hand aufzulegen und also einen Raum zu bilden, in dem Geborgenheit und Schutz sich mitteilen gegen alle Angst, Ausgesetztheit und Einsamkeit. Man muß nicht einen Vater haben, der psychotisch ist, um ganze Teile der Welt, der eigenen Seele, des eigenen Körpers, der eigenen Wahrnehmung nicht bezeichnen zu können. Seit den Anfangstagen der Menschheit, so meint die Bibel, ist mit der menschlichen Sprache etwas in Unordnung geraten. Immer wieder wachsen Menschen auf und erleben, daß im Verlauf ihrer Erziehung ihnen Terrains der Sprache entzogen werden: »Du hast hier nichts zu sagen; du hältst den Mund; sei nicht so vorlaut; was du schon wieder hast; wenn Erwachsene reden, haben Kinder zu schweigen.« Nennt man das erziehen? Es geht noch schlimmer: »Du bist wohl ganz verrückt; geht das schon wieder los; was du immer aber auch für einen Unsinn redest; jetzt hab ich genug.«

Es war Jesus selber, der in der Bergpredigt sagte: »Wer seinen Bruder ›raka – Idiot‹ nennt, soll dem göttlichen Gericht verfallen.« Denn es erschüttert jedes Selbstvertrauen, es entzieht jede Möglichkeit, zu glauben, daß in den eigenen Worten Wahrheit lebt. Es nimmt die Möglichkeit, den eigenen Überlegungen, den eigenen Erkenntnissen etwas Richtiges zuzutrauen. Man kann auch indirekt verfahren. Man kann ganze Teile am eigenen Körper zum Unaussprechlichen erklären, man kann ganze

Bereiche seelischer Empfindung für unanständig, ungehörig, wiederum unaussprechlich erklären. Worte, die auf Kritik hinauslaufen oder Ärger mitteilen oder Abgrenzung signalisieren, gehören sich nicht. Worte, die eigene Wünsche transportieren sollen, sind maßlos, aufdringlich, lästig. Am Ende können Menschen von sich selber kein wahres Wort mehr sagen und, schlimmer noch, kaum ein wahres Wort noch glauben. Aber leben wir nicht fast alle so?

In gewisser Weise kann man lernen, virtuos zu werden, denn am besten verbergen sich die Dämonen der Taubstummheit mitten im Gerede der Leute. Geht man die unausgesprochenen und unbewußten Spielregeln einmal durch, mit denen wir als Erwachsene – man kann nicht sagen, miteinander reden, aber – plappern und schwatzen, laufen sie auf ein paar handfeste Formeln hinaus, die da lauten: »Greife nie ein wirkliches Gefühl des anderen auf, denn dann bist du zudringlich und gerätst in die Gefahr, den anderen bloßzustellen; sage aber auch von dir nie etwas Wesentliches, sonst mußt du fürchten, dich zu blamieren und lächerlich zu werden. Äußere kein Problem, denn entweder förderst du damit die Macht der anderen über dich, oder du erklärst dich zu einem schwierigen Fall. Wenn du Gefühle hast, so äußere sie in Gesellschaft nach den Regeln der Diplomatie, der Etikette, des Anstands, der Wahrung der Würde, kurz: Habe keine Gefühle, aber diszipliniere ein gewisses Maß anständiger Heuchelei. Und vor allem: Vermeide, den anderen mit Worten zu berühren, rede vorbei, sprich vom Wetter, von den Preisen, von der Gesundheit, der Ernährung, der Kleidung, sprich von allem, nur nicht von dir selber und dem anderen. Sprich von keinem Menschen wirklich.«

Wir sind taubstumm mitten unter Menschen, immer eingeengt von Verboten und immer Gefangene unser selbst. Deshalb wohl geschieht es, daß Jesus als erstes diesen Mann, den man zu ihm bringt, wegnimmt, abseits von der Menge, offenbar, damit das Gerede und die Konvention und das Besserwissen, »wie man es machen muß«, endgültig aufhören. Auf diese Weise kommen niemals wahre Worte in Mund und Ohren eines Menschen. Aber es gibt über seiner Stirn den Himmel zu sehen. Zu ihm blickt Christus auf, zu ihm betet er seufzend.

Man sagt von den Franzosen, sie seien ein Volk, das in der Sprache schwimme wie ein Fisch im Wasser. Für das deutsche Wort »Selbstfindung« sagen die Franzosen, in der Tat bezeichnend genau, »Entmassung – défoulement«, um zu betonen, daß wir wahr in unserer Sprache erst werden können, wenn wir den großen Haufen und die falschen Rücksichtnahmen auf die Menge drangeben. Dann aber begibt sich dieses Wunderbare, daß Jesus seine Hand hebt, um die Ohren des Tauben zu berühren. Es ist wie ein Flehen, es möchten die verschlossenen Organe der Wahrnehmung menschlicher Sprache wagen, sich zu öffnen. Denn was sie diesmal vernehmen werden, wird in Worten nicht weniger zärtlich sein als in dieser Geste. Es ist der Ritus einer Beschwörung gegen die Angst, ein Zeichen dafür, daß jetzt ganz sicher kein Wort des Verbotes, der Einschüchterung und der Despotie geäußert wird. Und seinen eigenen Speichel legt Jesus auf die Zunge des Mannes, wie um ihm vom eigenen Wort mitzuteilen und ihm zu sagen: Sprich alles aus, was du fühlst. Worte haben die Macht, all die verbannten Geister unserer Seele ans Tageslicht zu holen, alle verdrängten Affekte, Gefühle, Erinnerungen. Ebendeshalb sind sie für uns so unerläßlich wichtig zur Menschwerdung, und wir müssen sie aussprechen dürfen. Es ist wie ein Gebet, wenn Christus dem Taubstummen sagt: »Effata – öffne dich.« Und es sind nicht nur Ohren und Mund, es ist im wesentlichen das Herz. Denn dieses Wort muß der Taubstumme vernehmen, noch eh' er's eigentlich durchs Ohr vernehmen kann. Aber dieses Wunder geschieht. »Sogleich«, sagt das Evangelium. Übersetzt in unser Alltagsleben wird man denken müssen: Dieses »sogleich« kann wunderbar schnell sein, selbst wenn es Jahre dauert; ganz sicher wird es Jahre dauern. Aber es gibt nichts Wunderbareres als das Wunder der Sprache, das Vertrauen, richtig reden zu dürfen und daß die Wahrheit verdient, gesagt zu werden, gleich ob sie unangenehm, unanständig, störend, lästig, aufdringlich ist. Wenn es nur wahr ist, ist es menschlich, und wenn's ein Teil ist von uns selbst, verdient's gesagt zu werden.

Außerhalb der Sprache bleibt uns, selbst beim besten Wollen, nur die verinnerlichte und entäußerte Gewalt. Wir beherrschen nicht die Ritualisierungen, die im Tierreich üblich sind, um

Gewalt nichtschädigend zu machen. Wir Menschen sind angewiesen auf die Sprache. Mag sein, sie schafft viele Konflikte, aber sie ist auch das Mittel, ehrlich Konflikte zu lösen, und es gibt nichts mehr zu vermeiden, nicht an uns, nicht am anderen, nicht an der ganzen Welt ringsum. Nur eines verbietet Jesus auf der Stelle: davon weiter zu reden. Und wohl mit Recht, weil's wieder möglich ist, zum Wunderbaren in ein äußeres Verhältnis zu geraten, indem man erzählt und palavert, was wesentlich einem selber gilt und was sich in Wahrheit nur weitersagen läßt durchs eigene Leben. Freilich, die Leute richten sich schon damals nicht nach dem Gebot Jesu, und fast muß man ihnen dankbar sein. Hätten sie nicht so viel erzählt, so wäre das Wunderbare vielleicht nicht auf uns gekommen – diese wunderbare Botschaft: »Den Tauben gibt er das Gehör und den Stummen die Sprache.« Denn wir alle sind Kinder eines Vaters im Himmel und miteinander Brüder und Schwestern, getragen durchs Leben auf den Armen Gottes.

Man sagt, daß die Wundererzählungen des Neuen Testaments den Glauben an die einzigartige Würde und Größe des Messias Jesus wecken und fördern möchten, und sicher trifft diese Ansicht zu. Blieben wir aber nur dabei stehen, so lehrten uns Erzählungen wie diese von der Heilung des Taubstummen, Jesus als eine große Gestalt an die Wand der Geschichte von vor zweitausend Jahren zu malen, uns selber aber weit von ihm fernzuhalten. Denn so einzigartig in *seinem* Leben die Wunder der Heilung gewesen sein mögen, so unwiederholbar blieben sie in unserem eigenen Dasein, und es würde der Abstand zwischen uns und dem Christus nur wachsen. Grade so wollte Jesus nicht, daß man auf ihn schaut. Unmittelbar im Anschluß an diese Heilung verbietet er seinen Jüngern ausdrücklich, aus dem Erweis heilender Menschlichkeit und unmittelbarer Nähe zu Gott ein großes Gerede zu machen. Es soll grade die Gestalt des Mannes aus Nazaret nicht überschwenglich verkündet werden. Etwas ganz anderes liegt Jesus am Herzen, und das sagte er seinen Jüngern ein Kapitel zuvor: Sie selber sollten in die Dörfer Galiläas gehen und nach seinem Beispiel den Menschen die Hände auflegen, ihre Krankheiten heilen, ihre Dämonen vertreiben und, wenn dies geschehen sei, den Menschen sagen, wie nahe ihnen Gott sei in ihrem Leben. Nicht also eine Verkündigung in Worten, sondern eine Nachahmung im Handeln war es, was Jesus wollte, und im Grunde will diese Geschichte von der Heilung des Taubstummen uns so sehr das Beispiel Jesu anempfehlen, daß sie bis in den Wortlaut hinein wiedergibt, was Jesus damals in seiner Muttersprache, dem Aramäischen, gesprochen hat. »Effata!« hat er zu dem Taubstummen gesagt, »tu dich auf!« Bis ins Wort hinein sollten wir auf Jesus hören, auf seine Hände achten und es genauso im Umgang miteinander halten.

Man sagt, daß Wundererzählungen dieser Art mit ihrer großen Aufmerksamkeit für den Vorgang der Heilung nicht so sehr den Juden in Israel, sondern wohl eher den Heiden außerhalb Palästinas erzählt worden seien. Sie hätten lernen sollen, daß Jesus, der Messias Israels, noch viel größer sei als all ihre Wundertäter. Wenn wir heute von »Heiden« reden, verwenden wir ein Wort der Vergangenheit. Wie aber, wenn Geschichten dieser Art *uns* erzählt sind, die wir von Gott oft so fern sind? Wie, wenn das Reden vom Heidentum gar nicht im Sinne der Religionsstatistik und der Zugehörigkeit zu bestimmten Konfessionen und überlieferten Denkformen zu verstehen ist, sondern bezogen werden sollte auf die Art, wie wir leben, allesamt mehr oder minder jenseits vom Paradies, getrennt vom Raum der Gnade, versprengt und gejagt, Menschen voller Angst allzumal?

Wie redet man zu uns vom Anfang einer beginnenden Reifung in Vertrauen und Heilwerdung? *Das* ist die Frage dieser Geschichte. Und dann nötigt sie uns gleich in der Einleitung, als allererstes die Diagnose zu akzeptieren, wir seien in der Art, wie wir miteinander umgehen, fast ausnahmslos Taubstumme. Das Wort mag unpassend erscheinen, denn wir reden viel, und unsere Ohren sind angefüllt mit Lärm aller Art. Aber ist es so schwer, unterhalb des Schalls der Worte und des riesigen Pegels an Geräuschen herauszufinden und zu spüren, wie wenig wir im Grunde einander sagen und zu sagen haben?

Die Taubstummheit kleidet sich am liebsten in die Sprache des Geredes, in zweierlei Richtung vor allem. Wir begegnen einander und besprechen, nur um uns selber zu vermeiden, die *Dinge*: das Wetter, die Politik, die Neuigkeiten, was auch immer – nur nichts Persönliches. Je äußerlicher, oberflächlicher, um so entspannter, um so ungefährlicher, um so entlasteter, erholsamer, freundlicher, netter – und unverbindlicher und unmenschlicher. Oder wir reden, auch möglich, *allgemeinen Tiefsinn*. Wir tauschen Redensarten aus über die allgemein richtigen Ansichten, die man im Raum von Politik, von Religion, Weltanschauung, von Fachsimpelei zu sagen hat. Auch so ducken wir uns tief an den Boden, um uns zu verstecken. Wir lassen unsere Gedanken über uns hinwegziehen wie die Wolken am Himmel – je weiter von uns weg, um so unbemerkter bleiben wir. Solche Reden der Unbedrohtheit kosten nichts, sie lassen sich stundenlang auf die Walze geben, aber sie reden tot, sie ersticken Menschen, und dies ist wohl der Grund, warum Jesus diesen Mann, taubstumm in seiner Krankheit, nicht glaubt heilen zu können, wenn er ihn nicht zuerst abseits von der Menge nimmt. Dreimal steht das Wort da: »abseits – abseits – abseits«, offenbar, weil Jesus denkt, es sei alles, was an Redensarten von den anderen über diesen Mann ergangen ist, selber die Quelle für seine Krankheit.

Wir müssen unterstellen, daß nicht nur das Reden selber, sondern zusätzlich und in gerader Linie daraus folgend, die Fülle der Redeverbote, der unterbrochenen Mitteilungen und der verbogenen Sprache Ursache solcher Taubstummheit ist. Es wachsen Kinder heran, die sehr genau spüren, daß in ihrer Umgebung nicht wahrhaft geredet wird und daß auch sie selber nicht wirklich und unverstellt angesprochen werden. Das möchten sie, oft noch eh' sie überhaupt Worte haben, durch Schreien und Weinen sagen. Damit werden sie denen lästig, die sie zuvor schon nicht der wirklichen Zuwendung würdigten. »Was du schon wieder hast! Hör jetzt endlich auf!« In Gestalt solcher Verbote wird die Sprache zum Mittel, Verständigung zu verhindern. Kinder merken sich diesen Störfunk der Rede, mechanisieren ihn und kommen davon nicht mehr los. Noch wenn wir klein sind, merken wir vor allem die Sprache der Verlogenheit, im Öffentlichen wie Privaten. In der Politik sehen wir die Geheimdiplomatie, die Gesprächsvermeidungen, die falschen Darstellungen, die Lügenreden aus Pflicht, und privat machen wir's nicht besser. Aus Angst, aus Feigheit, aus Ehrgeiz, aus Eifersucht, aus allen möglichen Motiven vermeiden wir, mit dem zu reden, mit dem wir reden müßten; wir umgehen ihn mit Redensarten, und die Wolken solcher Worte atmen Gift. Am Ende kann ein Mensch taub werden, weil all das, was er selbst nicht sagen darf, und das, was nicht gesagt wird, menschliche Sprache hohl macht. Man hört sie nicht, selbst wenn man sie hören wollte, sie ist so vertraut in ihrem Ton, daß sie uns nicht mehr im Bewußtsein erreicht. Sie ist nur noch ein Hintergrundrauschen unartikulierter Mitteilungen.

Wenn wir versuchen wollen, Krankheiten dieser Art zu heilen, werden wir auf den Spuren Jesu kein allgemeines Rezept wissen. Es wird nicht möglich sein, durch einen Aufruf oder Erlaß etwas daran zu ändern. Geheilt im Sinne Jesu werden niemals Massen, keine großen Volksgruppen, grundsätzlich nur Einzelne, und der Weg dahin ist lang, der aus dem Dorfe weg zu der Stelle führt, wohin Jesus diesen Taubstummen nimmt, um seinen Mund und seine Ohren zu öffnen.

Es ist nicht nur eine räumliche Entfernung, um die es sich da handelt; in unserem Leben stellt sie sich vor allem dar als Ausdehnung von Zeit. Wieviel kostet es, einen Menschen dahin zu führen, daß er nach und nach relativiert, was die anderen sagen, was sie sagen werden, sagen könnten, sagen müssen! Grade wenn der Abstand von der völligen Identifikation mit den allgemeinen Redensarten wächst, wird um so klarer, daß wir oft ganze Jahrzehnte aus Zitaten leben. Die Art, wie wir uns betrachten, setzt sich zusammen aus dem, was Vater sagt, was Mutter sagt, was unsere Frau sagt, unser Mann sagt, was schon die Kinder sagen, was die Nachbarn sagen. Wir selber aber haben *nichts* zu sagen. Unter dieser Voraussetzung funktioniert das alles. Und wie gibt man einem Menschen den Mut, daß er zum erstenmal in seinem Leben glauben kann, *er* habe etwas zu sagen, er sei sein Souverän, in seinem Leben sei er der einzige, der wirklich etwas zu sagen hat, und das wolle man hören? Was man da hören wird, leise vielleicht am Anfang oder schreiend aus Hilflosigkeit, sind oft Worte, die für die Beteiligten entsetzlich sind. Grade deshalb waren sie unsagbar: weil sie einem selbst und den andern so wehgetan hätten. Es müßte die Rede sein von so vielen verdrängten Qualen und Schmerzen. Es müßte um Klagen und Anklagen gehen bei diesen ersten Worten. Es käme soviel Ungeordnetes, Chaotisches zur Sprache. Und grade das sollte man hören, war die Einstellung Jesu. Wenn er ihm, dem Taubstummen, von seinem eigenen Speichel auf die Zunge und die Ohren legt, mutet uns das heute fast wie eine abergläubische Geste an. Verstehen können wir sie gleichwohl recht gut. Jede Mutter, zu der ihr Kind gelaufen kommt, wenn es sich verletzt hat, wird etwas Ähnliches probieren: Speichel über die Verletzung streichen, zusätzlich noch darüberblasen und versichern, es tue schon gar nicht mehr weh. Eine Mutter, die so handelt, weiß, daß ein Kind mehr noch als unter einem akuten Schmerz darunter leiden würde, allein und verlassen zu sein, und daß, was es braucht, darin besteht, Nähe zu spüren. Grade dem sucht Jesus zu entsprechen. Dieser Mann ist für Worte nicht erreichbar; es ist nicht möglich, auf ihn einzureden. Es ist auch nicht möglich, ihn zu bitten, er solle sagen, was ihm fehlt. Es gibt nur diesen Austausch einer Geste, eines Zeichens, das besagen soll: »Es gibt doch jenseits aller Kontaktabbrüche eine Verbindung und eine tiefe Verbundenheit; an die darfst du glauben, darauf darfst du setzen in diesem Augenblick.«

Man könnte meinen, diese Wundergeschichte beschreibe, so gelesen, nur, daß wir am Ende womöglich doch menschliche Krankheiten in den Griff bekommen, wenn wir uns nur genügend engagieren, genügend Geduld haben, genügend offen sind füreinander. All diese Voraussetzungen sind nötig und unerläßlich. Entscheidend aber ist, daß Jesus gleichzeitig noch etwas anderes tut. Während er dem Taubstummen die Hände auflegt, richtet er seinen Blick zum Himmel. *Das* ist der Ort, der ihm selber den Mut gibt, das Äußerste zu wagen. Es ist die Stelle, an der der Glaube entsteht, es sei möglich, nicht mit menschlichen Worten, aber in der Sprache des Himmels, mit den Worten des Herzens, Zugang zu finden und zu schaffen zum Innersten dieses gänzlich Verriegelten, unzugänglich Gewordenen.

Wir wissen selten, was wir anrichten, wenn wir Menschen auffordern, selber zu leben. Wir haben zumeist keine Ahnung, was dabei im einzelnen herauskommt. Wir haben noch weniger eine Garantie, daß es gut ausgehen wird. Wenn wir Vertrauen investieren, dann einzig legitimiert durch das Vertrauen in den Hintergrund von unser aller Leben. Was uns den Mut gibt, einen anderen Menschen aufzufordern, *sich* auszusprechen, er möge wagen, seine Person mitzuteilen, ist diese Weltsicht der Religion. Auf dieser Erde, unter Milliarden Menschen, hat jeder Einzelne von uns Worte, die nur er sagen kann, niemand für ihn, niemand an seiner Stelle, und er *muß* sie sagen, sonst würde etwas Wesentliches in dem Konzert der Welt fehlen. Es ist dieser feste Glaube von uns Christen, daß Gott uns einzig deshalb geschaffen hat, damit wir das Wort, das in uns lebt, der Welt mitteilen. Sonst wäre unser Leben sinnlos. Wir sind nicht gemacht, gehorsame Sklaven fremder Befehle und Anweisungen zu sein. Wir haben den Beruf, zu existieren nach der Art von Künstlern, die auf ihre Weise die Welt so sehen, daß sie unvertauschbar eine Wahrheit verkündet und offenbart und allen anderen zeigt. Es gibt etwas, das *dürfen* wir uns nicht aus dem Mund stehlen lassen. Es gibt etwas im Gesang der Welt, was einzig wir selber hören können: Es ist die Stelle, an der das Johannesevangelium, begründend mit solchen Wundern Jesu, von dem Mann aus Nazaret sagen wird: Er selber war das Wort Gottes an uns. Wie denn auch nicht? Er lehrte uns, richtig zu sprechen. Er wollte, daß das Gerede über ihn sein Ende finde, daß aber wir, was in ihm wirklich war, auf den Händen und im Herzen trügen, damit es sich dann im Leben eines anderen auf seine Lippen heben könne wie ein Lobgesang.

Und weiter zog Jesus von dort und kam an den See von Galiläa. Er stieg auf den Berg und setzte sich dort. Da kamen große Scharen zu ihm, die Lahme, Blinde, Krüppel, Stumme und noch viele andere bei sich hatten und sie ihm vor die Füße schoben. Und er machte sie heil – zum Staunen der Leute, die erblickten, daß Stumme reden, Krüppel heil sind, Lahme gehen, Blinde aufblicken. Da verherrlichten sie den Gott Israels. MT 15,29–31

Jedem Heilig-Land-Fahrer wird man den Ort zeigen, da diese Geschichte spielt, so sehr glaubt man sie mit Händen greifen zu können. In der Nähe von Kafarnaum, dicht am See Gennesaret, erhebt sich ein kleiner, sanft abfallender Hügel, heute gekrönt von der Kapelle der Seligpreisungen. Dort und nirgendwo anders scheint die Topographie zu taugen, um sich vorzustellen, wie es war vor zweitausend Jahren, als Jesus Platz nahm auf dem Berg in der Nähe des Sees und die ganze Not und das Elend der Menschen ihn umbrandeten, daß er sie heile. Dennoch geht die ganze Szene auf die Formung des Evangelisten Matthäus zurück. Sie enthält keine historische Darstellung, aber um so mehr ein Anliegen dieses Evangelisten, das er gleich dreimal aufgreift.

Ende des 4. Kapitels, unmittelbar *vor* der Bergpredigt, genau diese Szene: Da besteigt Jesus den Berg, gleich wo er liegt, und heilt von dort alle Art von Kranken. Dann erst tut Jesus den Mund auf und verkündet das Kostbarste dieses Evangelisten: ein neues Gesetz, eine Botschaft des Vertrauens und der Güte.

11. Kapitel: Da fragt Johannes der Täufer, eingekerkert auf Befehl des Herodes, als ein noch Suchender, als ein fast schon Resignierter, durch seine Jünger Jesus von Nazaret: »Bist du es, der da kommen soll?« Die Stelle wirkt, als hätte es einen Hinweis des Täufers auf Jesus zuvor nie gegeben. Da bricht sich die eigene Formung des Evangelisten, der Johannes zum Wegweiser und Herold des Jesus als des Christus machen wollte, da ist alles noch unklar und offen, aber um so deutlicher fällt die Antwort Jesu aus: »Sagt dem Mann im Gefängnis, es werden Blinde sehen, Lahme gehen, und alles, was der Prophet Jesaja geweissagt hat für das Ende der Tage – *jetzt* findet es statt.«

Aber wann geschieht es? Davon redet dieses 15. Kapitel, da Vision und Verheißung sich einlösen, und es scheint sich zu runden wie zur Vollendung.

Man muß im Detail durchgehen, was da an Menschenleid Jesus entgegengebracht wird. Es beginnt mit einer Szene, die man ganz und gar symbolisch verstehen muß. Zwischen Himmel und Abgrund, zwischen dem Ort des Vertrauens und der Stelle, wo nichts trägt, dort macht sich die Gestalt Jesu immer von neuem fest. Der Berg ist nicht an einer bestimmten Stelle auf Erden zu suchen; es ist der Punkt, an welchem ein Mensch, der Menschensohn, zur inneren Achse wird und das Unterste, Abgründigste und Verzweifeltste mit dem Höchsten, Großartigsten und Göttlichsten verbindet. In dieser Spannung ereignet sich alles, will Matthäus sagen.

Menschen kommen, die lahm sind, und man kann sich in sie einfühlen, man muß nur hören, wie sie reden, müde geworden von der Last des Lebens, weil's ihnen zuviel wird, mutlos geworden, weil alles, was sie tun, keinen Sinn hat, Menschen, die, wenn sie sich morgens erheben sollen, nicht mehr wissen, warum. Die mag man wohl in ihrer Traurigkeit und Aussichtslosigkeit lahm nennen, es rührt sich nichts von innen. Wenn sich da etwas bewegt, dann wie bei Gliederpuppen und Marionetten, von außen gezogen, rein maschinell, nichts weiter sind sie als Rädchen unter Rädern. Das heißt »lahm«: ohne jeden Antrieb von innen, als wäre der Tod alles, was sie umfängt. Menschen dieser Art bewegen sich nicht zu Jesus hin, sie werden ihm buchstäblich vor die Füße geschoben wie herangekarrter Abfall. Und wer sonst, scheint Matthäus zu denken, kann damit etwas anfangen, wenn nicht der Mann aus Nazaret, der Mann zwischen Himmel und Abgrund, die Gestalt auf dem Berge?

Blinde kommen. Man muß sich einfühlen in das Leben von Menschen, die eine Perspektive nicht kennen. Beides hängt mitunter zusammen. Wenn Sie sich selber sehr müde fühlen, verliert sich die Fähigkeit, in drei Dimensionen zu sehen, alles wird flächig. Es gibt keine räumliche Wahrnehmung mehr, es schraubt sich alles zusammen, als böte alles, was Sie sehen, eine Wand des Widerstandes, durch welche kein Durchkommen mehr ist. Und noch ein bißchen mehr, so wächst die Wand auf bis zum Firmament, versperrt jedes Licht und wirft nur noch Schatten und Dunkelheit über das Leben. Das muß es heißen, blind zu sein. Man schaut sich um und weiß nicht mehr, was vorn ist und hinten, links und rechts, man dreht sich im Kreise, es gibt keine Aussicht und keinen Durchblick. Wer soll da helfen, außer es gäbe, vermittelt durch die Person Jesu, einen Ort, der uns aufschauen läßt zu einer anderen Dimension von Licht und Wahrheit und neuer Ausrichtung?

Krüppel bringt man zu Jesus. Man muß sich das Leben all derer vorstellen, die sich verwundet und verletzt vorkommen, denen man das Leben in ganzen Passagen gestohlen hat, als wäre an den Gliedmaßen, am Körper alles mögliche wegamputiert, wegbefohlen, wegzensiert, wegoperiert – es steht schlechterdings nicht mehr zur Verfügung, und was übrigbleibt, ist nichts, als sich zu verhocken und zu ducken. Man kann nicht aufrecht gehen, man wird zum Almosenempfänger, man kann nichts für sich tun, man ist ausgesetzt und ausgeliefert an jede Menschenschikane oder an das Elend jedes Menschenmitleids. Man tastet sich durchs Leben und muß doch getragen werden, man lebt dahin und fühlt doch, daß es mehr ist als Vegetieren und Ausgehaltensein. Wie kann es sein, daß Menschen ein Gespür für das wiederbekommen, was sie als ganze Wesen, als richtig Lebende, als Personen waren, und es wäre möglich, all das auszuleben und aufzugreifen, und es begänne sich zusammenzusetzen?

Und Menschen, die stumm sind. Wie man das wird, weiß jeder auf seine Weise. All die Befehle seit Kindertagen, wann man den Mund zu halten hat und was man nicht in den Mund zu nehmen hat – all das Un-Aussprechliche, das Un-Verschämte, all das Nicht-zu-Sagende macht mundtot. Und wieviel Schrecken gibt es, daß Menschen nur noch den Mund öffnen und es verschlägt ihnen den Atem! Wieviel müssen schon Kinder sehen und dürfen dafür keine Worte finden! Denn die einfache Wahrheit kann in einem Feld der Lüge unangebracht, destruktiv wirken, und darum wird sie wegverboten im Namen einer höheren Moral der Anpassung und des Gehorsams. Der Gegenbegriff zum Selber-Reden ist allemal das Gehorchen und Parieren. So werden Menschen stumm wie Tiere. Es gibt aber ein Vertrauen, das sich ausdehnt auf dem Boden des neuen Testaments – bis hin zum vierten Evangelium, das behauptet, Jesus selber sei das Wort und habe es uns in den Mund gelegt und uns mächtig gemacht, auszusprechen, was wir auf dem Herzen und in der Seele tragen. Er machte sie heil.

Welche Wirkung hat dieses Tun? Matthäus schreibt, »zum Staunen der Leute« habe Jesus geheilt, und er richtet damit etwas an, dessen Problematik er selber genau kennt. Lassen wir's so stehen, dann driftet diese ganze Szene des Matthäusevangeliums augenblicklich in die pietistische Predigt ab. Die Menschen haben nicht aufgehört zu leiden, nicht in der zweiten und dritten Generation nach Jesus selber, für welche Matthäus schreibt, nicht zweitausend Jahre danach, da wir leben. Die Auskunft kann bei all dem anbrandenden Elend der Menschen ganz einfach sein: »Richte es auf den Herrn! Bete zu ihm in Vertrauen, und er wird dich erlösen.« Das wäre eine Predigt, die fromm gemeint ist, sich aber sehr bald im Kreise dreht, die sich vertut und zu einer faulen frommen Auskunft wird, die am Ende nichts mehr bewirkt, als daß sie Jesus wichtig macht und feierlich; er steht dann wirklich auf dem Berg, aber meilenweit weg von uns. Wir alle sind arme und schwache Menschen, wir können niemals etwas Besseres tun, als die Menschen zu Christus hinführen, und die ganze Szene will das ja, ohne Zweifel, sie ist beispielhaft dafür, grade dies zu unternehmen, die Menschen bei der Hand zu nehmen und sie zu Jesus als dem Weltenheiland hinzuführen. Es stimmt und kann doch ganz falsch sein. Denn die andere Wahrheit kennt Matthäus auch, sie liegt ihm vor in seiner eigenen Überlieferung, und er übergeht sie nicht: daß Jesus, auf dem Berg sitzend, seine Jünger, die fragen: »Was sollen wir tun?«, schlicht und einfach auffordert: »Gebt ihr ihnen doch zu essen.« Oder er sagt ihnen: »Heilt ihr doch die Kranken«, und es ist die Fähigkeit der Jünger selber. Das Bekenntnis zu Jesus von Nazaret ist keine Entschuldigung für fromme Feigheit. Im Gegenteil. Was Jesus vorlebt, sollten wir selbst tun, das gilt mindestens genauso, wie sich an Jesus zu wenden um Hilfe und Beistand.

»Aber wie das?« höre ich sagen. Sollten denn wir Menschen selber all das vermögen? Lahme zu heilen, wie soll denn das gehen, wo wir die Kraft zu einem Wunder nicht haben? Ich glaube, wir müssen das Evangelium sehr deutlich menschlich und geduldig hören; es sagt uns, daß wir all das können; dieses Wunderbare des Jesus von Nazaret praktisch zu üben, sei das uns geschenkte Vermögen.

Wie geht man mit Menschen um, die lahm sind? Es hat keinen Zweck, für sie die Verantwortung zu übernehmen und ihnen gewissermaßen eine Dauerprothese zu verordnen. Wohl aber ist es möglich, sich an ihre Seite zu stellen und genauso langsam zu gehen, wie sie gehen können, weil jede raschere Bewegung überfordert und wieder entmutigt, weil jedes zwanghafte In-Gang-Schubsen den anderen nur noch mehr um sein Selbstvertrauen bringt. Aber ihm zu sagen: »Du magst lahm sein, du magst dich durchs Leben schleppen, aber du kannst schon ein bißchen gehen«, das wird womöglich Kräfte freisetzen, die der andere sich nie zugetraut hat, und das entscheidet. Es ist möglich, in die noch verbliebenen Kräfte des anderen Vertrauen zu setzen und mit ihm weiterzugehen. Dann stößt man vielleicht als nächstes auf die Fessel der Angst, auf die Bewegungsverhinderungsmechanismen, auf die ständig reproduzierte Mutlosigkeit: »Es geht nicht! Es wird nie gehen! Es ist ja nie gegangen!« Und trotzdem läßt es sich weitergehen. Das ist das Wunder, Lahme gehen zu machen, und erstaunlich, wenn es geschieht.

Blinde das Sehen zu lehren. Mitunter kommt es darauf an, bereits Dinge wahrzunehmen, die sich äußerlich gar nicht feststellen lassen. Lichter zu sehen, wo die meisten Menschen keine sehen, und den anderen darin bestärken, daß er etwas wahrnimmt, das wächst – eine Kunst von innen her: das ist die Kunst, die Menschen heilt, indem sie Vertrauen schenkt und Perspektive bietet.

Und mit den Krüppeln genauso. Wieviel hat man uns verboten, abgeschlagen, amputiert und nie gestattet! Wie jetzt, wenn Menschen entdecken würden, daß es an ihrem Körper nichts zu vermeiden, zu verdrängen, zu zerstören gibt! Und gleichermaßen in der Seele. Keine Gefühlsregung, die sich nicht gehören würde. Da spürt man gleich, wie die Angst aufsteigt vor soviel Anarchie und Ungebundenheit und Leidenschaft, die im Menschen wohnen könnte. Aber wer hat uns denn gelehrt, daß wir ewig nur krumm sitzen müßten, wie in den Block gesperrt, seit Kindertagen unbeweglich und starr? Was würde passieren, wenn Menschen den Mut hätten, an ihre eigene Integrationsfähigkeit zu glauben, und alles, was in ihnen vorgeht, wäre erst einmal berechtigt, jedes Gefühl, jede Phantasie, jede starke Regung des Herzens, und nichts wäre von vornherein unberechtigt, alles gehörte zu uns! Es wäre das Ende der Menschenschikane, es wäre der Beginn des wirklichen Lebens. Und das hätten wir einander zu sagen.

Stumme genauso. Wir müßten die Menschen, die reden und reden und nichts Wesentliches sagen, auffordern, einmal nach innen zu hören und all das, was sie vermeiden, nach und nach, erst zwischen den Zeilen, dann wirklich, ins Wort zu heben. Andere sitzen da und sprechen gar nicht, oft stundenlang kein einziges Wort, weil ein innerer Widerstand sie stumm macht: »Es ist nicht wichtig genug, es stimmt ja nicht, es ist nicht ordentlich genug, nein, so kannst du nicht sagen, du mußt vorher überlegen, du mußt alles begründen können, was du sagst, du darfst nicht als dumm erscheinen, du darfst erst sprechen, wenn alles fertig ist, so kann man unter die Augen keines Menschen treten.« Wo gibt es Orte, an denen es erlaubt ist, das Unfertige, das noch lange nicht zu Ende Gedachte, das grad erst Beginnende auszusprechen, damit es sich verstärkt im Gegenüber und Echo des anderen?

Mag sein, es wird Ihnen bei all den Betrachtungen längst schon zuviel. Manch einen Theologen höre ich längst in Widerrede treten und sagen: »Wenn das so gemeint wäre, dann wäre das Evangelium nichts weiter als Selbsterlösung, nichts weiter als Therapie, dann wäre ja alles, was wir von Gott sagen, nichts weiter als gelebte Menschlichkeit; ist das nicht viel zu kurz gedacht?«

Jedem, der so denken würde, muß man jetzt allerdings den Matthäustext entgegenhalten, und dies mit vollem Gewicht. Unter allen vier Evangelisten gibt es keinen, der so energisch wie Matthäus Jesus schildert als einen, der gleichzeitig und immer parallel beides tut: lehrt und heilt. So im 4. Kapitel, so im 11. Kapitel, so im 15. Kapitel, und so immerfort. Die Art Jesu, von Gott zu sprechen, ist vollkommen identisch mit der Art, wie er mit Menschen umgeht, so daß es heilt von Krankheit. Und dann wird man's umkehren dürfen wie an dieser Stelle. Da, wo Menschen sich selber zurückgegeben werden, ist, ob davon die Rede ist oder nicht, auch Gott gegenwärtig. Keine bessere Verkündigung ist als ein Mensch, der zu leben beginnt, und der schönste Lobpreis Gottes ist ein glücklicher Mensch. Wem das zuwenig ist, der hat keine Ahnung, wie gefährdet wir wirklich sind, wie ausgespannt zwischen Himmel und Abgrund. Dies, einen Menschen lebendig zu machen, ist das einzige Wunder in der Nähe Gottes; wer da auf andere wartet, vertut sich oder macht aus dem Evangelium einen abergläubischen Humbug. Denn so ist Gott nicht, daß er irgend etwas sternschnuppenartig an uns vorbei in unser Leben fallen läßt. Das ganze Evangelium besteht darin, daß wir es durch uns leben auf den anderen hin, und dann wird man sehen, was stimmt. Da mag man staunen und dankbar sein, aber es ist am Ende alles, was der Gott Israels zu sagen hat. Dies, daß er mit uns geht, ist die einzig wichtige Erfahrung der ganzen Bibel, und daß er bei uns ist und möchte, daß wir leben. Die Verherrlichung Gottes besteht darin, gemeinsam zu kämpfen gegen jede Art von Krankheit, die aus Angst, Mutlosigkeit, Verzweiflung und Enge entsteht. Und das beste Gebet, das wir an Gott richten, ist dieses: uns aufzurichten und gerade zu gehen und hellen Auges zu blicken und mutig zu sprechen das bißchen Wahrheit, das wir leben können.

Der blinde Bartimäus

So kommen sie nach Jericho. Als er, seine Jünger und ziemlich viele Leute dabei, aus Jericho hinauszog, saß der Sohn des Timäus, Bartimäus, ein blinder Bettler, am Weg. Und als er hörte, es sei Jesus, der Nazarener, fing er an zu schreien und zu sagen: Sohn Davids, Jesus, erbarme dich meiner! Viele herrschten ihn an, er solle schweigen. Doch schrie er nur noch viel lauter: Sohn Davids, erbarme dich meiner! Da blieb Jesus stehen und sprach: Ruft ihn her! Und sie rufen den Blinden und sagen zu ihm: Getrau dich! Auf, er ruft dich! Da warf er sein Obergewand ab, sprang auf und kam zu Jesus. Und Jesus hob an und sprach zu ihm: Was willst du, daß ich dir tun soll? Der Blinde sagte zu ihm: Rabbuni, etwas erblicken möchte ich wieder. Und Jesus sprach zu ihm: Geh, dein Glaube hat dich gerettet. Und gleich konnte er wieder etwas erblicken. Und er folgte ihm auf dem Weg. MK 10,46–52

Wunderbar sind manche Wunder des Neuen Testaments nicht als Ereignisse, sondern in der Art, wie sie zustande kommen.

Um was für eine Art von Blindheit mag es sich handeln, die auf ein bloßes Wort hin zum Verschwinden kommt? Aus dem Leben des blinden Bettlers Bartimäus kennen wir nur diese eine Szene, aber wie es im Leben von Menschen zugeht, denen man von klein auf die Einsicht verwehrt und die Aussicht verstellt, bis daß ihr ganzes Dasein dunkel und verhangen ist, das wissen wir und erleben wir immer wieder. Ein ständiger Druck scheint zu herrschen, sich in der Wahrnehmungsverfälschung zu trainieren und sich dressieren zu lassen. Jede Beobachtung, die auf einen Konflikt hinauslaufen könnte, muß unterdrückt werden, darf so nicht wahr sein, muß anders gesehen werden, denn man hat kein Recht, eigene zwei Augen im Kopf zu tragen. Wenn jemand in sein Leben eine bestimmte Perspektive, einen Plan bringen möchte, werden die Umgebung und die Macht der

Widerstände regsam werden und sich ihm versperrend in den Weg legen, bis daß er nicht mehr geradeaus sehen kann und, noch etwas weiter, alles sich so umdüstert, daß er nicht einmal mehr die Hand vor den eigenen Augen wahrzunehmen imstande ist. Die Formen seelischer Erblindung sind ungemein viel stärker, denn sie bestimmen, wie wir unser ganzes Selbst erleben: in einer Art von chronischer Bettlerexistenz, immer abhängiger, immer gedemütigter, immer leerer. Vielleicht, daß schon der Name dieses Mannes aus dem Evangelium »Sohn des Timäus«, eine gewisse Form von Unselbständigkeit und Abhängigkeit seit den frühesten Kindertagen wiedergibt: Ein Kind wächst auf und hat nichts weiter zu sein als Sohn seines Vaters, als Beweis dafür, daß sein Vater weiterlebt, als Stolz seines Vaters, als Schaustück seines Vaters, als Abbild seines Vaters, als Beweis für die Größe seines Vaters, nur selber immer ausgehöhlter, immer schwächer, immer niedergedrückter. Von all dem berichtet die Bibel kein Wort, aber was sie in dieser kleinen Szene verdichtet, spricht für all dies und noch viel mehr.

Soll man denken, daß es im Leben von uns Menschen einmal, wenigstens einmal im Leben eines jeden Menschen einen Augenblick gibt, da der Messias vorübergeht und sich alles ändern kann? Es ist die Frage unseres ganzen Lebens, wie wir auf einen solchen Augenblick, wenn er denn eintritt, Antwort geben. Klar ist, daß es von dieser Stunde an, wenn sie fruchtbar werden soll, so wie bisher nicht weitergehen kann. Alles, was bisher geschah, hat lediglich die Demütigung und die Krankheit dieses Mannes verfestigt. Man hat ihn bedauert, bemitleidet und gleichzeitig zu Boden gedrückt, ohnmächtig ausgeliefert sein lassen. Und kaum, daß er jetzt von Jesus von Nazaret hört und sich laut rufend meldet, setzen die alten Verhaltensweisen wieder ein. Große Leute haben ihre große Trabantenschaft; Menschen, die überragend sind, haben ihre Anhänger, die dafür sorgen, daß der Abstand gewahrt, das Protokoll eingehalten wird, daß auf Sitte und Anstand geachtet wird. Also: Ein Blinder, der in der Gosse sitzt, hat zu wissen, was sich gehört, und es gehört sich nicht, sich Gehör verschaffen zu wollen, schon gar nicht mit unartikuliertem Schreien, mit aufdringlichen Hilferufen. Als wenn man für ihn nicht bisher schon genug getan hätte!

Was soll diese unverschämte Zudringlichkeit? Viele werden ärgerlich.

Aber nun ist es wunderbar zu nennen, daß dieser Mann, angetrieben von der Notwendigkeit seiner Not, vielleicht zum erstenmal in seinem Leben sich den Mund nicht verbieten läßt, sondern nur um so lauter, um so flehentlicher ruft und schreit: »Sohn Davids, erbarme dich meiner!« Denn dies muß doch gelten: Wenn von Gott her in unser Leben etwas eindringt, wird man glauben dürfen, daß es anders zugeht als unter den Menschen sonst. Es mag in jedem Ballsaal und Empfangssaal Anstand und Sitte sein, darauf zu achten, welche Krawatten man trägt, welche Manschettenknöpfe man bevorzugt, wie man sich die Stiefel putzt – männlicherseits, welche Kleider man trägt und mit welchem Schmuck man sich behängt – weiblicherseits, und wie man dreinschaut und mit den Blicken sich mißt, bis der eine den klaren Blick, der andere den zu Boden gerichteten Blick verordnet bekommt, dies alles kennt man. Aber annehmen und hoffen soll man, daß einmal ein Ende damit ist, daß ein Mensch dem anderen im Licht der Sonne steht und seinen langen Schatten über sein Leben wirft mit der Verordnung: »Ich weiß, wie es richtig ist, und so muß es sein, ich befehle dir zu schweigen.« Wenn in dieses Leben ein Lichtstrahl fallen soll, dann beginnend mit der Hoffnung, daß Gott sich nicht an die Maßstäbe der Menschen hält.

Und in der Tat bleibt Jesus stehen, vergißt des Protokolls und läßt den Blinden rufen. Jetzt auf einmal wissen sie es alle, rufen den Blinden und sagen ihm: »Nur Mut, steh auf!« Positiv wie negativ weiß die Menge sich nach den Verordnungen der Großen zu richten. Nachdem sie alles getan haben, zu entmutigen, faseln sie jetzt von dem Mut, den man haben soll.

Wunderbar sind manche Wunder im Neuen Testament nicht als Ereignisse, sondern in der Art, wie sie zustande kommen: Kaum tritt Bartimäus vor den Herrn, als dieser ihm eine der merkwürdigsten Fragen des ganzen Neuen Testaments vorlegt: »Was willst du, daß ich dir tun soll?« Natürlich die Blindheit heilen, möchte man meinen und Jesus für begriffsstutzig halten. Wie aber, wenn zum erstenmal im Leben dieses Mannes alles darauf ankommt, daß er gefragt ist und gefragt wird, was er und kein anderer will? Wie, wenn es zum erstenmal darum geht, daß dieser blinde Bettler ausspricht, was in ihm selber vorgeht und was er sich wünscht? Wie, wenn es ganz entscheidend ist, daß er sich vergewissert, das Recht auf einen eigenen Willen zu haben, ja nunmehr auch die Pflicht, für sich selber geradezustehen?

Da wirft ein Mann nicht nur den Mantel ab, sondern ein ganzes Prinzip der Außenlenkung und der Drangsalierung durch die öffentliche Meinung. Und alles spricht dafür, daß dieser Mut, zu sagen, was man selber will, die Blindheit, die Umnachtung jeglichen Wahrnehmungsvermögens allererst beenden kann. Fast zärtlich überliefert das Neue Testament an dieser Stelle das Zwiegespräch zwischen dem Blinden und dem Herrn: »Rabbuni, ich möchte wieder sehen können.« Man wird auch sagen dürfen: »Ich flehe dich an um die Erlaubnis, meinen eigenen Augen wieder zu trauen, daß das, was ich zum Hassen finde, als hassenswert gesehen werden darf, daß das, was ich lieben möchte, als liebenswert betrachtet werden darf, daß ich meiner eigenen Einsichtsfähigkeit etwas zutrauen darf und daß ich mir die Dressur der Angst abgewöhnen kann, die festlegt, wie ich die Welt zu betrachten habe.« Es ist wie die Antwort Jesu darauf, wenn er sagt: »Geh, dein Vertrauen hat dich geheilt.«

Dies ist das Wunderbare, daß Menschen einander so begegnen können, daß sie sich ein Vertrauen schenken, das zum Mut und Selbstvertrauen wird. Dieser Mann wird in Zukunft auf den Wegen Jesu gehen. Die Konsequenz seines Lebens wird es sein, zu wissen, daß es nur einen Weg gibt, der ins Licht führt, eben den, den Jesus vorangeht.

Nach zweitausend Jahren evangelischer Überlieferung kennen wir von vielen im Neuen Testament Geheilten einzig den blinden Bettler Bartimäus mit Namen. Der Mann, der gar keinen eigenen Namen hatte, ist uns persönlich näher als jeder andere der sonst Geheilten und Geretteten. Er steht mit seiner Person für das Recht, Gott zu bitten, er möge in unser von Traurigkeit und Dunkelheit umfangenes Schattendasein den Lichtstrahl seiner Hoffnung, seines Glücks und seiner Liebe fallen lassen und möge unser oft so aussichtslos scheinendes Leben öffnen zur Perspektive der Unendlichkeit.

Der reiche Fischfang

Es geschah aber: Während die Leute zu ihm drängten, um das Wort Gottes zu hören, und er am See Gennesaret stand, sah er zwei Boote am See abgestellt. Die Fischer waren aus ihnen ausgestiegen und wuschen die Netze. Und er stieg in eines der Boote, das dem Simon gehörte, und bat ihn, ein wenig weg vom Land hinauszufahren. Er setzte sich und lehrte vom Boot aus die Scharen. Als er aber aufgehört hatte zu reden, sprach er zu Simon: Fahrt hinaus ins Tiefe, und laßt eure Netze zum Fang hinunter. Simon aber hob an und sprach: Meister! Die ganze Nacht haben wir uns abgemüht und nichts bekommen. Aber auf dein Wort will ich die Netze hinunterlassen. Das taten sie und schlossen eine große Menge Fische ein; fast rissen ihre Netze. Und sie winkten den Teilhabern im anderen Boot, zu kommen und mit ihnen anzufassen. Und die kamen und füllten beide Boote, so daß sie tief einsanken. Als Simon Petrus das sah, fiel er zu Jesu Knien nieder und sagte: Geh weg von mir, ich bin ein sündiger Mensch, Herr! Denn Schauder hatte ihn gepackt und alle mit ihm ob dem Fischfang, den sie zusammenbekommen – desgleichen aber auch Jakobus und Johannes, des Zebedäus Söhne, die Simons Teilhaber waren. Da sprach Jesus zu Simon: Ängste dich nicht! Von jetzt an wirst du Menschen fangen. Und nachdem sie die Boote an Land gebracht hatten, ließen sie alles fahren und folgten ihm. LK 5,1–11

Das Wunder am See von Gennesaret besteht nicht in einem reichen Fischfang. Es besteht darin, wie ein Mensch dahin gelangt, sich Gottes wert und würdig zu fühlen. Nicht, daß in einer Nacht die Jünger mit leerem Netz zum Ufer zurückkommen und wider Erwarten am Tage die Boote mit einem reichen Ertrag füllen, ist das Wunderbare, sondern dies ist nur ein Bild für den oft langen Weg in unserem Leben, den wir von Armut zu Reichtum und von innerer Erkenntnis zur Wahrheit und zum Auftrag Gottes gehen.

Es beginnt mit einer Entdeckung, wie sie oft plötzlich und jäh gemacht wird, unmittelbar nachdem Petrus den Herrn in seinem Boot hat reden hören, Worte, wie sie in dieser Weise noch niemals an sein Ohr gedrungen sind und doch imstande gewesen sein müssen, alles, was er in sich trug, anzurühren und bewußtzumachen. Das erste Wunderbare an diesem Morgen ist, daß man im inneren Sinn merkt, wie leer die Netze trotz aller Anstrengung und Arbeit wirklich sind. Man mag sich vorstellen, wie Christus an diesem Morgen gesprochen hat, was er auch sonst zu sagen pflegt: »Der Mensch lebt nicht vom Brot allein; unser wahres Leben wird nicht danach gemessen, wodurch wir uns am Leben erhalten, sondern was uns Sinn gibt, Halt und Ordnung; ein Mensch lebt wesentlich von jedem Wort, das aus dem Munde Gottes kommt; und: sorgt euch nicht ängstlich um Nahrung und Kleidung, diese Angst haben nur die Menschen, die Gott gar nicht kennen; und strengt euch nicht an, euer Leben auch nur eine Elle größer zu machen, Gott selber hat euch das rechte Maß geschenkt« – Worte, wie Jesus sie immer spricht, wenn er zu Menschen von Gott redet. Aber das Wunderbare ist, daß sie so tief ins Herz eines Menschen fallen können, daß er mit einemmal ganz deutlich spürt: Alles, was er bislang sein Leben nannte, war wie eine nicht endende Nacht. Hat er sich nicht ständig voller Angst gerade darum kümmern müssen, wie er sich gegen alle Bedrohung und Gefahr von innen und von außen am Dasein erhält, hat er nicht versuchen müssen, möglichst viel nach Haus zu bringen, größer dazustehen, als er ist, hat er sich nicht mühen müssen, wenigstens im äußeren Sinn dafür zu sorgen, daß er einen Ort fände im Leben?

So leben wir alle, und es kommt der Augenblick, wo wir uns, oft nach mehreren Jahrzehnten, fragen, was das für ein Leben war und wie es sein sollte. Anstrengend genug war es und trotzdem innerlich so unbefriedigend; kunstfertig, fleißig und tüchtig ganz gewiß und trotzdem so, daß wir nach allem Abarbeiten mit leeren Händen dastehen. Es ist, als ob die Worte Jesu, so aufgenommen, all unsere Sehnsucht zur Sprache brächten, als ob sie das, worauf wir immer hofften und was wir doch niemals zu erwarten wagten, nun wie eine Erfüllung vor uns aufstellten. Es ist in diesem Augenblick, daß wir endgültig, mit Bewußtsein, am hellen Tag das Leben noch einmal von vorn gestalten möchten, »auf dein Wort hin«, wie Petrus sagt, und deutlich ist uns das Gefühl, daß es reich ist bis zum Übermaß; wir fühlen uns schwerelos und leicht, so sehr entdecken wir, zur eigenen Überraschung, den Reichtum, den wir in uns tragen könnten, den Segen Gottes, der auf uns zu ruhen vermöchte, und es mag uns wunderbar und paradiesisch scheinen.

Gerade in dem Moment, sagt dieses Evangelium, wird im Leben eines Menschen noch einmal und endgültig, aber in gewissem Sinne auch am furchtbarsten ein Schrecken ausbrechen. In diesem Augenblick ist es, daß Petrus deutlich weiß, wovon er lebt, wofür er da sein möchte, und dennoch, gerade weil er dies so sicher weiß, sieht er sich selbst dessen ganz unwürdig, wirft sich in den Staub, dem Herrn zu Füßen, und bittet ihn, nur ja von ihm wegzugehen, weil doch ein Unwürdiger wie er seine Nähe nicht vertrüge und den Herrn nicht stören, ihm nicht lästig werden und ihn nicht mit seinem viel zu kleinen Leben beschweren möchte.

Es ist die vielleicht schwerste und dichteste Anfechtung, die wir in unserem Leben zu durchmessen haben: die Wahrheit deutlich vor uns zu sehen, ja, sie zum Greifen nahe zu spüren und dennoch uns selber wie eine entsetzliche Ausnahme davon fernhalten zu müssen und zu wollen, wie wenn all unser Gebet nur noch darin bestehen könnte, den Herrn loszuwerden aus unserem Leben, gerade jetzt. Es ist ein wunderbares Wort, das Jesus an Petrus richtet, gegen sein Erschrecken über den beginnenden Reichtum seines Herzens, gegen den Ausbruch der Angst vor dem spürbaren Segen, der auf seinem Leben ruht. »Fürchte dich nicht«, spricht der Herr und fügt hinzu, was vollends überraschend wirken muß: »Von jetzt an wirst du Menschen fangen.« Aber gerade so geschieht es, daß uns in der tiefsten Nacht der Verzweiflung die Augen hell werden für die Not auch anderer Menschen, daß wir in der Erkenntnis der eigenen Armut Verständnis gewinnen für die Armseligkeit auch anderer, daß wir im Bewußtsein der eigenen Fehler Geduld und Verständnis haben auch für das Durcheinander im Herzen anderer, daß wir niemals mehr einen Menschen verachten und verurteilen müssen nur aus dem Gefühl des eigenen Verachtet- und Verurteiltseins. Deutlich wissen wir: Der wahre Reichtum unseres Lebens ist, in jeder Stunde und in jedem Augenblick denken zu dürfen, daß wir von Gott geliebt sind und erwünscht und gern gesehen im Schatten seiner Gnade. Wenn Petrus sich in diesem Augenblick erheben wird, wird er auf Menschen zugehen, von denen er niemals mehr durch die eigene Angst getrennt sein wird. Er wird nie mehr seinem Leben eine Elle hinzufügen müssen, um seiner wert zu sein, er wird nie mehr mit seiner eigenen Anstrengung noch einmal dastehen müssen, um sagen zu können: »Auch ich bin ein Mensch.« Ein für allemal wird er mit sich im Einklang offen sein für alle Not ringsum.

An diesem Punkt muß ich auch noch von etwas sehr Schönem, aber sehr Ungewohntem sprechen.

Im Anschluß an diese Messe teilt die Kirche den Blasiussegen aus, ein Ritus, der deshalb ungewohnt ist, weil er in unser Denken so recht nicht passen will, und dennoch schließt er sich an diese Bilder eines heilen Lebens schön und würdig an.

Wir wissen historisch von dem Bischof Blasius so gut wie gar nichts. Ein Martyrerbischof des 3. Jahrhunderts soll er gewesen sein, mehr wissen wir nicht. Die Legende sagt uns aber aus seinem Leben etwas, das sonst in der ganzen kirchlichen Tradition kaum vorkommt: Auf der Flucht vor seinen Verfolgern sei Blasius in einem Wald in eine Einsiedelei gegangen, um sich vor dem Haß der Menschen zurückzuziehen, und dort sei er zum Freund der Tiere geworden, habe ihre Sprache verstanden, und wenn immer ein Tier verletzt gewesen sei oder Verfolgung und Not habe erdulden müssen, sei es zur Einsiedelei dieses Heiligen gegangen. Eines Tages habe der Fürst des Landes zur Jagd gerufen, und alle Tiere seien, als sie das Gebell der Hunde und das Geschrei der Treiber hörten, zur Einsiedelei ihres Freundes geflohen. Wie da die Jäger in der Nähe dieses Heiligen die Tiere, ihre Jagdopfer, im Zwiegespräch mit ihm gesehen hätten, seien sie zurückgekehrt, um ihren Auftraggebern von dem Wunder zu berichten. In dieser Weise, als ein Freund der Tiere, soll Blasius noch zweifach weitere Wunder gewirkt haben. Einem kleinen Knaben, der eine Fischgräte verschluckt hatte, die ihm im Halse stecken blieb, habe er durch seinen Segen die Atmung zurückgegeben. Und einem Wolf, der einer Frau ihr einziges Schwein gestohlen habe, habe er gut zugeredet, und der Wolf in seiner Zahmheit habe der armen Frau das Schwein zurückgebracht.

Lauter Legenden, lauter Unfug, möchte man meinen. Und doch gehören diese wenigen Erzählungen zu den kostbarsten, die wir in der ganzen christlichen Überlieferung besitzen. Nirgendwo sonst, nicht einmal vom heiligen Franziskus, lehrt die Botschaft des Christentums, daß Menschen keine Grenze fänden an der Not der Geschöpfe, sondern offen seien zur Zwiesprache mit allem, was lebt. Sie seien zu Brüdern und Schwestern bestellt, nicht unter Menschen nur, sondern mit allem, was da lebt.

Ein solcher Paradiesesfrieden der Gnade wird im Christentum sehr selten ausgesprochen. Bei diesem unbekannten Bischof des 3. Jahrhunderts wagt die christliche Legende ein letztes Mal, von dieser Freundlichkeit der Erde zu reden. Und die Kirche ist mutig genug, daraus einen Segen zu machen: »Auf die Fürsprache dieses Heiligen behüte dich Gott an Seele und Leib«, so sagt sie einem jeden im Anschluß an diese Messe, der diesen Segen empfangen möchte.

Die Erzählung vom reichen Fischfang ist, äußerlich betrachtet, das Wunder reicher Netze zu einem Zeitpunkt, wo es nicht vermutet wird; inwendig aber geht es um die Verwandlung eines ganzen Menschenlebens.

Wenn wir von der Berufung der Jünger Jesu hören, denken wir für gewöhnlich, es müßten diejenigen, die Gott in seinen Dienst nimmt, durch besondere menschliche, charakterliche Vorzüge ausgezeichnet sein. Alle in der Zeit Jesu dachten, entsprechend ihren moralischen und kultischen Bestimmungen, in der Weise, daß jemand zum Dienst im Heiligtum nur bestellt werden könne, wenn er an Leib und Seele fehlerlos sei, untadelig in seinem Lebenswandel, unbescholten in seiner Vergangenheit, ein Mann ohne jeden Makel und ohne jeden Tadel. Vollends wenn wir von der Erwählung des Petrus sprechen hören, dessen Name schon besagt: »der Fels«, stellen wir uns einen Charakter wie aus Granit vor, so zuverlässig, solide und fest. In Wirklichkeit sind gerade diese kompakten Menschen, schon weil sie selten Gelegenheit nehmen, sich selber persönlich tiefer kennenzulernen, kaum imstande zu dem, was Jesus am Ende dieser Erzählung als das »Fangen von Menschen« wiedergeben wird – ein merkwürdiges Wort.

Äußerlich gesehen beginnt diese Geschichte so, wie jeder Abend und Morgen an den Ufern des Sees Gennesaret noch heute sein Bild malt. Nach Sonnenuntergang, wenn der Wind über dem See sich legt, legen an den Ufern die Fischerboote ab, um mit Blendlichtern die Fische an die Oberfläche des Sees zu locken und dann leicht in ihre Netze zu bringen. Natürlich kann es geschehen, daß eine einzelne Nacht geringen oder gar keinen Ertrag bringt, wenngleich das bei dem Fischreichtum des Sees Gennesaret eine Seltenheit darstellt. Daß aber am anderen Morgen, wenn man die Netze zum Trocknen ausgelegt hat, dieselben Fischer auf das Wort von irgend jemandem noch einmal, ganz ohne Aussicht auf Erfolg, den See befahren würden, ist mehr als ungewöhnlich. Selbst wenn man denkt, sie könnten zufällig dann doch einen Schwarm Fische überreich in ihre Netze gebracht haben, ist das nicht die Ebene, auf welcher man diese Geschichte lesen sollte, denn gerade dann ist unverständlich, warum die Jünger, so sehr in ihrem Handwerk belohnt, alles zurückließen, die Boote und die Netze, um in die Unsicherheit eines ganz anderen Lebens, an der Seite Jesu, aufzubrechen.

Man wird die gesamte Geschichte also, statt äußerlich-wörtlich, symbolisch, als Zusammenfassung vieler Jahre des inneren Reifens verstehen müssen. Dann kann es sein, daß wir aus dem Munde Jesu Worte hören, die in einer solchen Weise uns selbst, alles was wir sind und getan haben, erklären, daß es uns zum Schrecken und zur Beglückung wird. Lukas berichtet mit keinem Wort, was Jesus hier gesprochen hat. Jedes seiner Gleichnisse, jedes der wunderbaren Worte der Bergpredigt können wir ihm an dieser Stelle in den Mund legen. Vielleicht aber sprach er an diesem Morgen so ähnlich wie an anderer Stelle einmal: »Der Mensch lebt nicht vom Brot allein«, und es mag sein, daß es einen Mann wie Petrus zutiefst getroffen hat.

Wie verbringen wir für gewöhnlich unsere Tage, und wie leben wir dahin? Noch eh' wir selber die Chance hatten, zu bestimmen, was wir selbst sein wollten und worin sich unser Wesen auszudrücken imstande wäre, wurden die meisten von uns auf eine bestimmte Lebenslinie hin verfügt, ohne eine Chance von Wahl und Selbstbestimmung. Es gilt meist sehr früh, dem Broterwerb zu dienen, und die Frage, wie wir unsere Lebensgrundlage sichern, ist meistens viel entscheidender, als woraufhin wir leben könnten. Die Lebensmittel haben eine viel größere Bedeutung als die Frage nach dem Lebenssinn. Es mag sein, daß wir in gewisser Weise tüchtige, zuverlässige, fleißige, erfolgreiche Handwerker unseres Lebens sind, imstande, uns und unsere Familie gut über Wasser zu halten. Und dennoch, je älter wir werden, desto deutlicher melden sich die anderen Fragen: was denn das alles mit uns selber zu tun hat und wofür es bestimmt sein soll. Es ist, wie wenn wir nach und nach merken, daß wir eine Art von geheimem Schloß bewohnen, von dem wir nur die erste Kammer kennen, und dahinter liegen ganze Flure, die wir nie betreten und nie bewohnt haben, als hätten wir bisher nur die Oberfläche gestreift und nicht einmal den Abgrund bemerkt, der im Bild des Sees unter unseren Füßen liegt. Mit einemmal erscheint uns das äußerlich beneidenswerte Leben wie etwas Hohles, Leeres, Erstickendes; es geht nicht so weiter.

Wenn wir Grund unter die Füße bekommen sollen über all dem Grundlosen, wenn es wieder so etwas wie Inhalt inmitten der Inhaltlosigkeit von allem geben soll, so kann dies nur geschehen – das spüren wir deutlich –, wenn wir gewissermaßen vom anderen Ufer her eine neue Bestimmung, eine neue Beauftragung erhalten. Die Menschen, die Jesus begegnet sind, Petrus an der Spitze, müssen die Person Jesu grade so erlebt haben, wie wenn von der Gestalt des Mannes aus Nazaret ein solcher Befehl, ein solcher zwingender Appell ausginge, alles, was war, noch einmal zu tun, aber innerlich erfüllt. Es muß diese Erfahrung so dicht gewesen sein, daß Menschen, die bis dahin von sich gar nicht anders denken mochten, als daß sie etwas In-den-Staub-Gedrücktes, Wertloses, Unansehnliches, im Grunde Bedeutungsloses unter der Schar all der anderen seien, begannen, sich aufzurichten, und ein Gefühl erhielten für ihre wahre Bedeutung und ihre eigentliche Würde. Über dem Haupt eines jeden von uns liegt ein solcher Glanz göttlicher Bestimmung, und es muß im Munde Jesu, an der Seite Jesu von diesem Glanz etwas für die Menschen sichtbar geworden sein, eine alles verändernde Entdeckung: Unser kleines Leben – auf einer Ebene des Broterwerbs eine Dutzendtätigkeit – bekommt vor Gott Inhalt, Auszeichnung und Einmaligkeit. Es geht mit einemmal um unser kleines, fast verlorenes Leben; mit *uns* hat Gott etwas gemeint; auf *uns* legt er Wert in der Art, in der wir *sind*, keinesfalls erst durch das, was unsere Hände *machen*. Es kann sein, daß sich äußerlich gar nichts ändert. Es ließe sich in gewissem Sinn das Leben des Simon, äußerlich beschrieben, vielleicht sogar so weitererzählen, daß er Abend für Abend wieder auf den See Gennesaret hinausgefahren wäre – er hätte doch innerlich all das, was er bisher tat, in gewissem Sinne relativieren, buchstäblich liegenlassen und verlassen können. Es kommt darauf nicht mehr wesentlich an, denn die Richtung, die Perspektive seines Lebens hat sich geändert, gründlich gewandelt.

Paradoxerweise ist es grade dieser Augenblick, in dem wir unseres eigentlichen Sinnes innewerden, daß es uns ergreifen kann wie eine Verzweiflung, die wir vielleicht geahnt haben, vor der wir aber ständig weggelaufen sind. Grad wenn wir dabei sind, mit Händen zu greifen, was unser Leben eigentlich sein sollte und könnte, mag uns ein Schrecken überkommen, daß wir der Bestimmung nicht standhielten. Wir werden uns der eigenen Geringfügigkeit in diesem Moment unseres tiefen Wissens um uns und von uns selbst womöglich auf furchtbare Weise bewußt, halten uns noch viel mehr für unfähig und unbrauchbar und möchten vor lauter Resignation Gott und alle anderen Menschen bitten, uns wegzuwerfen wie etwas Überzähliges. Es ist diese schreckliche Klage des Petrus, Jesus möge doch um Himmels willen von ihm fortgehen, seiner Unwürdigkeit wegen, seiner Gebrechlichkeit wegen – so wird man »Sünder« an dieser Stelle übersetzen müssen. Was ist schon anzufangen mit der Schwäche von uns Menschen, grad wenn wir dabei sind, zu begreifen, wie groß wir sein könnten und sollten?

Manchmal scheint es, als würden wir just in Sachen Gottes erwarten, daß es so etwas gibt wie eine fugenlose Geradlinigkeit der inneren Entwicklung, als wären die Menschen, die im Umgang miteinander, wenn es um Wesentliches geht, unangefochten, ungebrochen sind, immer schon auf dem richtigen Weg gewesen. Ganz anders ist die Wirklichkeit. Vielleicht werden nur diejenigen andere Menschen verstehen können, die selber an sich bis zur Zerbrochenheit gelitten haben. Womöglich werden nur diejenigen mit anderen Geduld haben, die am eigenen Leib erfuhren, wie schwer es ist, so etwas wie Wahrheit in das eigene Dasein zu bekommen. Vielleicht werden nur diejenigen die langen Wege mit den anderen gehen können, die an sich erfahren haben, wie viele Irrwege Gott mit uns gehen muß, ehe wir bei uns selber ankommen. Grade dieser Mann Petrus wird so hin und her geworfen werden zwischen Treue und Verrat, zwischen tiefem Selbstzweifel und sich dann begründender Entschlossenheit, daß er wirklich so etwas ist wie ein Beispiel des Glaubens im ganzen. Das Johannesevangelium wird sogar in einem Nachtragskapitel diese Geschichte noch einmal aufgreifen. Wieder wird Petrus am Ufer des Sees von Gennesaret stehen, und Jesus tritt auf ihn zu, nicht mehr der irdische Jesus, sondern der auferstandene, erhöhte Herr, und wird ihn, als Bilanz seines Lebens, fragen: »Petrus, liebst du mich?« Und voller Trauer wird Petrus nicht einmal diese Frage beantworten können. Jesus selber muß wissen, mit wem er es zu tun hat, auf wen er gegründet hat, was wir die Kirche nennen.

Am Ende sind wir Menschen uns am meisten zuverlässig, wenn wir im Schwanken des eigenen Urteils über uns selber uns ganz und gar in die Hände Jesu geben. Am Ende ist die gesamte Kirche nichts anderes als eine solche Versammlung von suchenden, oft gebrochenen, immer wieder zweifelnden Menschen, die doch die Hoffnung nicht aufgegeben haben, daß Gott mit ihnen etwas Bestimmtes will und meint und daß, wenn Gott es meint, es auch so sein wird. Brauchbar sind wir in den Händen dessen, der uns gemacht hat. Menschenfischer zu werden bedeutet, die Geduld zu lernen, ohne Lärm, leise anzulocken, bis daß die Angst vergeht.

Der junge Mann von Nain

Und es geschah in der Zeit darauf: Er wanderte in eine Stadt namens Naïn. Und seine Jünger und viele Leute wanderten mit ihm. Wie er dem Tor der Stadt genaht war – da! Ein Toter wurde herausgetragen, der einzige Sohn seiner Mutter. Und die war Witwe. Ziemlich viele Leute aus der Stadt waren mit ihr. Als der Herr sie sah, ward ihm weh um sie. Und er sprach zu ihr: Weine nicht! Er trat hinzu und hielt den Sarg fest. Die Träger blieben stehen, und er sprach: Junger Mann, ich sage dir: Wach auf! Und der Tote setzte sich auf und begann zu reden. So gab er ihn seiner Mutter. Furcht ergriff alle. Und sie verherrlichten Gott, indem sie sagten: Ein großer Prophet ist unter uns erweckt worden. Und: Gott hat nach seinem Volk gesehen. Und dieses Wort über ihn breitete sich in ganz Judäa und allem Umland aus. LK 7,11–17

Manchmal sterben Menschen an ihrer Seele früher als an ihrem Körper, und oft endet ein Leben dort, wo es physisch durchaus noch nicht am Ende sein müßte, so daß dann der Tod wie ein letzter Gnadenweg des Lebens erscheint, wie ein Zufluchtsort inmitten eines Lebens, das man nicht mehr erträgt. Nicht nur alten Menschen geht dies so. Erschütternd ist es zu sehen, wie dunkel die Verzweiflung sich oft über ein junges Leben breiten mag, noch ehe es eigentlich begonnen hat. Und dieses Wunder, ein Leben, das fast erstorben ist, noch ehe es zu leben anfängt, ins Leben zurückzuführen, ist viel größer, als den Tod des Leibes zu besiegen. Nach zwei Jahrhunderten medizinischer Forschung wissen wir das. So scheint es, daß die Auferweckung des Jünglings von Nain weit mehr als einen Sieg über die Natur einen Sieg des Vertrauens über die Angst und der Lebenszuversicht über die Verzweiflung darstellt.

Wir wissen von dem Jüngling von Nain eigentlich gar nichts. Wir begegnen ihm in diesem Augenblick, wo er für alle Umstehenden aufgehört hat zu leben; und fast aller Leute Augenmerk konzentriert sich auf seine Mutter, ihr Leid, ihre Trauer, auf die Witwe, die ihren Einzigen zu früh zu Grabe trägt. Wie aber, wenn grade dieses Leid und diese Traurigkeit auf einem verhängnisvollen und geheimnisvollen Wege die Ursache für das ganze bestehende Problem des früh verendenden Lebens dieses Sohnes ist?

Könnte es nicht sein, daß eine Mutter, deren Mann zu früh dahingerafft wird, in dem Gefühl der Vereinsamung, der Leere, auch oft schon der äußeren Not all ihre eigene Lebenshoffnung und -erwartung auf ihren einzigen Sohn richtet? Sie will es so nicht, aber all ihre Fürsorge hat den geheimen Sinn, daß er ihr in wenigen Jahren, möglichst bald, den zu frühen Verlust ihres Gemahls ersetzen müsse, daß er, so bald wie irgend möglich, die leergewordene Stelle ihres Gatten ausfüllen möge. Wir sehen sie tagaus, tagein auf das rührendste um das Wohlergehen ihres Sohnes bemüht. Alles Erdenkbare und Erfindbare konzentriert sie auf sein Fortkommen, auf sein Glück und merkt nicht, wie ihre geheime Angst um ihn sein Leben immer enger macht. Wir müssen vielleicht gar nicht denken, daß diese Frau in äußerem Sinn eine Witwe ist. Wie viele Millionen Frauen leben in einer Ehe, die wie gattenlos ist an Einsamkeit und Unverständnis und Seelenleere. Wie viele müssen dann wie zwangsläufig hoffen, es möchte irgendein anderer Mensch, am liebsten doch der, den man selbst hervorgebracht hat, durch Mitgefühl, durch Dankbarkeit, ja schon durch sein eigenes gelungenes Leben die Freude ergänzen und ersetzen, deren man so sehr bedarf.

Und das Umgekehrte ist genauso möglich. Wie viele Väter nehmen ihre Töchter, um in ihnen das vermißte, vielleicht mißratene oder mißlungene Leben, all die zerstörten Hoffnungen des eigenen Glücks verdichtet zu sehen, und sie strengen sich an tagaus, tagein, daß wenigstens ihre Tochter lebe, was sie selber nicht leben konnten.

Und nun muß man die unfreiwillige und schmerzliche Tragödie bemerken, wie das Übermaß solcher Fürsorge ersticken kann, wie die stets opferbereite Gesinnung einer solchen Mutter oder eines solchen Vaters im Grunde, ohne daß irgendein Vorwurf daraus entstehen könnte, unfreiwillig nicht frei ist von einer gewissen Art des eigenen Interesses. Ein solcher Junge oder ein solches Mädchen kann unter dem Druck des eigenen Vaters, der eigenen Mutter nicht heranwachsen, ein solches Leben erstickt am Übermaß der Fürsorge. Eines Tages zeigen sich Anzeichen der Schwäche, körperliche Krankheit droht, beruflicher Mißerfolg, womöglich Scheitern in der ganzen Existenz – nun ist die Angst der Eltern auf ihrem Höhepunkt, nun verstärkt sich noch das Bemühen, der Kampf um das Glück nimmt dramatische Formen an. Und wieder, ohne es merken zu können, verstärkt sich die Ursache einer schleichenden Krankheit, einer allmählichen Auszehrung, einer seelischen Blutarmut. Kann man denken, daß Liebe so blutsaugerisch wirken könnte, so erstickend?

Möglich wäre, daß diese Frau, die ihren Sohn zum Stadttor von Nain hinausbegleitet, in ihrer Verzweiflung und Traurigkeit grade die Ursache für den Tod dessen darstellt, den sie am meisten liebt. Und sie löst um sich herum einen ständigen Sog von Mitleid aus, in den jeder hineingerät, der sie sieht, die Trauergäste und Christus auch, als ob es im Umkreis dieser Frau nur um sie ginge, nur um ihr Leid und nur um ihre Sorgen. Und dennoch ist es so erstaunlich, wie Christus an die Bahre des Sohnes tritt und der Mutter, inmitten ihres Schmerzes, sagt: »Weine nicht, Frau!« – Wir, die wir den Text kennen, hören gleich: Du hast keinen Grund zur Traurigkeit, denn ich werde deinen Sohn auferwecken. Aber so sagt Jesus nicht, und so kann die Frau in diesem Moment nicht wissen. Denken wir deshalb, daß dies ein Befehl sei: »Weine nicht!« und daß man ihn so übersetzen muß: »Hör auf, dein eigenes Lebensglück nur an deinen Sohn zu binden! Mach Schluß mit der Vorstellung, deine Existenz hänge in Scheitern und Gelingen einzig an deinem Sohne. Besinne dich auf dein wirkliches, persönliches Dasein, und frage dich, welche Möglichkeiten zum Leben du denn hättest, wenn es deinen Sohn gar nicht gäbe, ob du nicht, unterstellt, dein Sohn wäre tot, in dir selber immer noch Gründe finden könntest zu einer eigenen Existenz und einem eigenen Glück.« So gelesen, ist dieser kurze, auffordernde Satz etwas, was man vielleicht als Vater oder Mutter in vielen Jahren lernen muß: daß man den anderen freigeben muß, um selber glücklich zu sein, und daß man ihn einen Ort finden lassen muß, an dem er leben kann.

Erst dann, wenn klar ist: es ist im Hause dieser Frau Platz für ein eigenes Leben, wendet sich Jesus an den Jüngling, und was er ihm sagt, ist genauso zugeschnitten. »Junger Mann« ist die Anrede hier. Sonst, an manchen Stellen, heißt es: »Mädchen« oder »Kindlein« oder »Sohn«, hier energisch: »junger Mann«, und man wird wohl übersetzen müssen, was wieder nur in vielen Monaten oder Jahren reifen kann: »Merke, wieviel an Erfahrung, an Tapferkeit, an Stärke, an eigenem Verstand, an Möglichkeiten, selbst zu existieren, in dir liegt. Du bist jetzt alt genug und brauchst dich nicht durch dein Leben tragen zu lassen wie auf einer Totenbahre oder besser noch in einem Bett der Versöhnung und Verwöhnung. Selber kannst du auf zwei Beinen stehen«, so daß der nächste Satz denn lautet: »Ich sage dir: Steh auf!«

Man wird nicht denken können, daß dies im wirklichen Leben einfach so passiert. Eher sollte man glauben, es handele sich hier um eine Art von langwierigem Aufstand, von Aufbegehren, von Protest, von Auseinandersetzung. »Steh auf!« heißt für diesen jungen Mann: »Besinne dich darauf, daß es in deinem Leben noch einen anderen Befehl gibt als den deiner Mutter. Wichtiger noch als Gehorsam, Einschüchterung, Angst und Vermeidung von Schuldgefühlen ist, daß du selber leben lernst. Du hast eine eigene Existenz, selber zwei Füße zum Gehen, und die Zeit, wo du dich tragen lassen durftest und konntest auf den Armen deiner Mutter, ist vorbei. Und daß deine Mutter dich durchs Leben trug, um dich großzuziehen für sie selber, ist kein Grund, diese unglückliche Einheit aufrechtzuerhalten. Das sage ich dir«, sagt Jesus hier – Worte, die zwischen Mutter und Sohn so nie gesprochen werden könnten.

Nun könnte man denken, es gehe hier weiter wie an manchen Stellen des Lukasevangeliums: der Sohn ist froh, seine Mutter endlich loszusein, und hat einen ganz frommen Vorwand: er folgt Christus nach. Dutzende von Wundererzählungen haben dieses Finale.

Es ist von einem noch größeren Wunder zu berichten als dem der Verselbständigung dieses jungen Mannes. Erzählt wird, daß Jesus ihn seiner Mutter zurückgab. Was für ein wunderbares Tun, daß man glauben sollte, am Ende dieser Auseinandersetzungen – viele Jahre mögen sie im wirklichen Leben einnehmen – geschehe es, daß der Junge im Hause seiner Mutter lebt, unbedroht – sie selber sagt womöglich die gleichen Dinge wie vorher, aber sie ersticken und sie quälen nicht mehr, sondern treffen auf ein Verständnis, das in unbedrohter Freiheit möglich wird. Und die Mutter sieht, wie der Junge selber eigene Schritte ins Leben tut, und sie lernt, ihm dies zu gestatten, es nicht mehr mit Angst zu verfolgen, sondern ihm zu gönnen wie einer Taube, die ihre Schwingen ausbreitet, um übers Land zu fliegen, und der Stolz dessen, der sie herangezüchtet hat, ist grade ihr freier Flug am Himmel über den Dächern, nicht das Eingesperrtsein im Schlag, und er bangt nicht mehr vor dem Bussard oder den Telegraphendrähten oder dem ausgestreuten Gift auf den Feldern, er vertraut dem Instinkt und dem Gefühl dieser Taube, die ihre Freiheit will unter ihren Flügeln. »Zurückgegeben seiner Mutter« heißt, in Eigenständigkeit zu leben, und welche Bewegungen liegen dazwischen!

Sie mögen sagen: Das Ganze ist eine etwas windige psychologisierende Nacherzählung einer christlichen Legende. Gut und schön. Aber wie, wenn die Leute, die dieser Begebenheit Zeugen wurden, recht hatten, indem sie sagten: In diese Bewegung wechselseitiger Freiheit und eines gemeinsamen Reifens zur Unabhängigkeit und zum Glück miteinander gehört unbedingt die Erfahrung göttlicher Macht. Unabhängig zu werden von seinem Vater, seiner Mutter, das heißt, Gott wiederfinden. In den Köpfen der meisten bedeutet Gott kaum etwas anderes als die Absolutsetzung all dessen, was der eigene Vater oder die eigene Mutter war. Die meisten haben gar keinen Grund, zu bemerken, daß es sich so verhält; nur jene, die bis zum Tod daran leiden, was Vater und Mutter sagten und was bruchlos auch die Kirche zu sagen schien und was man dann sogar in der Bibel zu finden meinte, die werden um ihrer Freiheit und ihres Lebens willen wissen: Gott ist nicht, was Vater und was Mutter sind, jedenfalls nicht, was erstickend an ihnen war. Gott greift alles auf, was lieb ist, freiheitlich ist und gütig ist unter den Menschen. Dies, was leben läßt, ist Gott, in einem absoluten Maße. Und dies zu finden und Menschen nicht mehr zu fürchten, ja nicht einmal die Schuldgefühle, die auf dem Weg zur Freiheit eine

Zeitlang nötig sind, sondern zu vertrauen auf das Recht zum eigenen Leben, ist die starke und die mutige Art dieser Frömmigkeit, in deren Kraft der Herr am Stadttor von Nain einen Jüngling dem Leben und seiner Mutter zurückgab.

Alle sagten da: Ein großer Prophet, ein Mann, der von Gott so sprach, daß darunter das Leben heil wurde und Menschen tapfer genug wurden, das Leben selber zu beginnen. Davon erzählte man in Judäa und darüber hinaus und zu allen Zeiten, wo es nötig ist, die Freiheit zu lernen gegen die Menschenangst.

Immer ist es wie eine Rückkehr ins Leben, Gott zu begegnen, und stets bedürfen wir seines Erbarmens, ja seines Befehls, der uns sagt: Steh auf! Denn oft dämmert unser Dasein mehr wie auf einer Bahre getragen als wirklich lebendig dahin.

Die Geschichte von der Auferweckung des Jünglings in Nain erzählt in einer einzigen Szene konzentriert, was in Wirklichkeit unser ganzes Leben ist. So zusammengezogen, liest es sich dramatisch und für alle Betroffenen spektakulär. In Wirklichkeit spielt die Szene aber nicht auf dem Berge Tabor, sondern in den Niederungen, in dem kleinen, sonst fast unbekannten Dorf Nain. Man tut deshalb gut daran, diese Erzählung einmal wie eine Tragödie des Alltags und wie eine Rettung mitten in unserem gewöhnlichen Dasein zu lesen.

Wie viele müßten, wenn sie über ihr Leben nachdenken, sagen, daß sie, kaum zur Jugend erwacht, sich schon wie lebendig tot empfunden haben. Dabei erzählt diese Wundergeschichte die Umstände so deutlich, daß man sich den Hintergrund gut vorstellen kann, wie er in diesem Falle war. Eine Witwe zu sein bedeutete damals, nicht nur völlig mittellos zu sein, es bedeutete, in Armut zu leben, ohne Unterhalt zu sein und tagaus, tagein nicht zu wissen, wovon man existieren sollte. Gott sei der Vater und Tröster der Witwen und Waisen, betet das alte Israel in seinen Psalmen, aber wo ist es spürbar unter den Menschen? – Soll man einer solchen Frau verdenken, daß sie sich wie zum Ersatz und wie als Inbegriff all ihrer Hoffnungen an ihren Sohn, ihren einzigen, klammert? Er ist ihr Trost in Stunden der Traurigkeit, er ist ihr Begleiter in den Momenten der Einsamkeit, er ist vor allem wie eine lebendige Garantie der Zukunft. In wenigen Jahren schon wird er seine Mutter ernähren, wird rein äußerlich ihr Halt und ihre Stütze sein.

Es ist, auf uns selber übertragen, oft gleichgültig, welche Erwartungen es im einzelnen sein mögen, die ein Leben verstellen können, noch ehe es begonnen hat. Diese Witwe von Nain lebt, indem sie in ihrem Kind existiert, aber dieser Sohn kann ebendeshalb niemals zu einem eigenen Leben finden. Er ist genau das, als was das Evangelium ihn schildert: der einzige Sohn seiner Mutter, mit einem vorgefertigten Leben, einem riesigen Maß an Verantwortung, das er schon als Kind tragen muß, und es spricht alles, die gesamte Umgebung, seine ganz normale und natürliche Sohnespflicht, der Inbegriff all der Moral dafür, daß er nie etwas anderes sein kann als ebendies: der einzige Sohn seiner Mutter. Er kann nicht für den Tod seines Vaters, aber er hat die Pflicht, den Ernährer der Familie zu ersetzen, sobald er es kann. In gewissem Sinne muß er seines Vaters Vater werden noch als Sohn.

Unter einem solchen Schatten zu leben bedeutet, nie ein Kind sein zu dürfen und ganz rasch erwachsen sein zu müssen. Es bedeutet aber auch, nie wirklich leben zu können. Wir mögen uns vorstellen, daß es im Leben dieses Jünglings von Nain mit seiner gestohlenen Jugend stets eine große Sehnsucht war, zu sein wie andere Kinder des Dorfes, unbeschwert, ohne Verpflichtungen, ohne die Last all der viel zu früh auf seine Schultern gelegten Forderungen.

Ein Leben, das keines ist, noch ehe es begonnen hat, läßt sich beschreiben als ein Tod, als ein Getragenwerden auf der Bahre. Man darf dies nicht verwechseln: Nach außen kann ein solcher Toter sehr vital erscheinen. Wir könnten uns die Geschichte des Jünglings von Nain als die Geschichte eines Mannes denken, der im Beruf, in der Aufgabe, zu Einkommen und Unterhalt zu gelangen, sehr erfolgreich ist, der in den Augen seiner Umgebung schließlich als ein gemachter Mann dasteht. Er hat alle Pflichten erfüllt, er hat alles getan, was er sollte. Man muß schon sehr genau hinsehen, um den Tod der Seele zu bemerken. Und wie viele Tragbahren sind unsichtbar vor den Augen der Menge! Schließlich kann der Tod sogar wie eine Flucht sein, wenn es nicht mehr weitergeht. Irgendwann kann er erfolgen wie ein Zusammenbruch aller Kräfte, wie ein Nein, das man bewußt niemals hat sagen können.

Liest man die Geschichte von der Auferweckung des Jünglings von Nain, so tritt Jesus an die Bahre heran, indem er zunächst den Ursprung aller Traurigkeit und all des Tragischen dieser Geschichte berührt. Er hat Mitleid mit dieser Witwe. Was soll sie anders machen? In ihrem Sinne wird sie alles Richtige getan haben, wird ihrerseits versucht haben, dem Sohn den Vater zu ersetzen und ihn zu pflegen und großzuziehen, so gut sie konnte. Sie wird nicht gewußt haben, daß sie mit ihrer Liebe wirken könnte wie der Tod.

Mit welchen Menschen soll man mehr Mitleid haben als mit denen, die kaum anders können? Jesus fühlt sehr tief mit ihr. Dennoch befiehlt er dem Leichenzug Halt, und es ist viel wert, daß der Gang der Normalität des üblichen Trauerrituals unterbrochen wird. Dann tritt Jesus an die Bahre des Jünglings und redet den, der wie tot daliegt, mit einem Befehl an. Es ist eine Sprache, die man mitten in Trauer und Schmerz überhaupt nicht erwartet. Es ist ein hartes Wort, unmittelbar und direkt: »Junger Mann, ich sage dir, steh auf!« Man wird diesen Befehl umschreiben müssen als eine dringliche Aufforderung, sich auf die eigenen Beine zu stellen, das Leben im Schoß der Mutter, überfordert und verwöhnt zugleich, aufzugeben und sich zu besinnen auf die eigenen Kräfte, das eigene Wollen, die eigene Existenz.

In unserem eigenen Leben vergehen oft Jahre, die es kostet, so zu empfinden, daß wir ein Recht haben, in einer ganz anderen, neu geschenkten Welt aufzuwachen und nicht mehr umhergetragen zu werden gemäß fremden Anordnungen, sondern selber gehen, handeln, denken und fühlen zu dürfen. Unter dem Befehl Jesu wird dieser Jüngling von Nain zu einem Mann. Er empfängt so etwas wie ein wirkliches, eigenes Ich. Er hört auf, der Sohn seiner Mutter zu sein, und offenbar mußte er ihr zunächst sterben, ehe daß er selber leben kann.

An dieser Stelle sieht man sehr oft, und viele Geschichten erzählen es, daß Menschen in diesem Augenblick aus ihrem Elternhaus weggehen, weg aus ihrer Stadt und sich aufmachen, in die weite Welt zu gehen. Dahinter steht oft genug noch die Angst, daß ein Leben in dem vertrauten Milieu doch nur die alten Fesseln auferlegen könnte und nach und nach den schon vertraut gewordenen alten Erstickungstod unfehlbar wiedereinführen müßte. Im Grunde ist dieses Wunder einer Auferstehung ins Leben erst gültig, als Jesus den Sohn seiner Mutter zurückgibt. Er muß nicht mehr Angst haben, der Jüngling von Nain, denn was er jetzt tut, geht von ihm selber aus. Er muß nicht mehr sterben an dem Wollen anderer, denn er hat selber einen eigenen Willen. Wohl ist es möglich, daß, von außen gesehen, das ganze Leben weiterläuft, wie es bisher war, doch hat es sich innerlich vollkommen geändert, eben wie vom Tod zum Leben.

Die wirklichen Wunder ereignen sich selten spektakulär. Sie antworten auf Tragödien des Alltags, sie heilen die Wunden in unserem so unauffälligen Leben. Die schönsten Wunder sind die kleinen Geschichten unserer Freiheit, die erkämpft wird wie ein Tod und die gelebt wird wie eine Auferstehung unter den Händen Gottes, der will, daß wir wir selber sind.

Zwei Wege gibt es, sich dieser Wundererzählung des Lukasevangeliums zu nähern. Der eine Weg ist der einer darstellenden Malerei. Wir sehen die Szene vor uns nach der Weise eines Rembrandtschen Bildes. Da kommt von der einen Seite zur Stadt der Zug des Volkes, das sich um Jesus und seine Jünger schart, und aus der anderen Richtung der Trauerzug der Leute, die eine Witwe bei der Bestattung ihres einzigen Sohnes begleiten. In der Nähe des Stadttors treffen beide Züge aufeinander. Es ist ein fast zur Gänze graubraunes und dunkles Bild, schwer von Schwermut und Traurigkeit. Und dennoch dient diese dunkle Hintergrundfolie nur dem Zweck, daß das Aufleuchten des Göttlichen um so klarer werde. Die Macht Gottes, die eindringt in menschliche Verlorenheit, ist der Sinn dieses Bildes, wirklich die Darstellung eines göttlichen Wunders. Blieben wir dabei stehen, so sähen wir vor uns eine heilige Ikone, geeignet zur gläubigen Verehrung und zur erbaulichen Betrachtung. Wie hilflos und einsam sind wir oft, und wie wunderbar ist der Beistand des Göttlichen! Ganz entsprechend ist der Abschluß dieser Erzählung, wie die Leute im Hintergrund dieses Geschehens die Taten des Gottesmannes Elija aus dem ersten Buch der Könige vor sich haben, und endlich nun in den Tagen der Endzeit tut Gott ein Gleiches – heilige Theologie in symbolischen Anspielungen.

Etwas ist gleichwohl nicht zufriedenstellend, wenn wir dabei bleiben. Wohl sehen wir vor uns, wie Jesus seine Hände auf die Bahre eines Toten legt. Wohl ahnen wir, was sich begibt, wenn die Finger Gottes an unser verlorenes Leben rühren. Aber es bleibt die Macht der Rettung gewissermaßen abstrakt gegenüber uns selber, und wir verstehen so nicht, was sich wirklich an Veränderndem begibt, das uns aus der Welt des Todes hinübergeleiten könnte ins Leben. Es ist deshalb richtig, wenn wir das Bild einmal in eine Erzählung auflösen und von der Malerei überwechseln in die Dichtung und den Wunderbericht des ganzen Lebens als Vorlage einer Novelle oder einer psychologischen Studie nehmen.

Da war im Dorf Nain eine verwitwete Frau. Die Geschichte hat eine Vorgeschichte, und wir erzählen sie vielleicht am besten so: Es lebten gemeinsam ein Mann und seine Frau, die beide einander auf das herzlichste liebten. Er suchte ihr Schutz zu sein, bot ihr die Garantie eines behüteten Lebens. Er tat für sie alles, und sie liebte ihn in Hochachtung, Treue und Dankbarkeit. Beide brauchten sie einander und ergänzten sich, wie irgend nur Liebende auf Erden es tun können. Sie mögen sagen: »Das ist keine Legende, das ist schon ein Märchen.« Aber geht es nicht oft so zu, mitten unter den kleinen Leuten in den kleinen Dörfern der Erde? Sie hängen sich aneinander, und sie brauchen einander, und schon rein äußerlich betrachtet ist es in den Tagen Jesu wohl noch viel mehr so gewesen als heute. Ein Mann verdiente in dieser Zeit nicht nur das Geld, sorgte nicht nur für den Unterhalt der Familie, er war Altersversorgung, Rententräger, soziale Sicherung in jeder Form. Dieser Mann stirbt eines Tages und läßt eine Frau zurück, die nicht ein noch aus weiß. Es ist das Schlimmste, was wohl passieren kann. Wir mögen einander vor so vielem schützen – gegen den Tod sind wir nicht stark genug. Wir lassen einen Menschen zurück, den wir nie verlassen dürften, aus Schwäche des Körpers, aus Müdigkeit des Geistes. So wie es mitten im Leben schon oft genug geschehen mag, geschieht es ganz sicher am Ende des Lebens, unverhofft oft, jäh und plötzlich als Sammlung schleichender Wahrheiten, die wir nie wahrhaben wollten; wir hofften und liebten gegen den Tod an, der jetzt dasteht und sich nicht fragen läßt und keine Antwort gibt.

Im Leben dieser Frau wird es trotz allem eine verbliebene schwache Hoffnung gegeben haben. Der Mann hinterließ seinen Sohn. Wir stellen ihn uns vor als grade zehn-, höchstens zwölfjährig, denn sonst würde er nicht als »junger Mann«, gemäß biblischem Sprachgebrauch, bezeichnet werden. Es muß dieser Jüngling an der Seite seiner Mutter beim Tode des Vaters so etwas wie ein heiliges Vermächtnis, eine Aufgabe für sein ganzes weiteres Leben gespürt und übernommen haben. Er wird versucht haben, seine Mutter zu trösten. »Sei doch nicht so traurig«, wird er ihr gesagt haben, »du hast doch mich, und wir beide gehören zusammen; wir schaffen es schon!« Und die Mutter wird es nur allzu gern geglaubt haben. An ihn wird sie sich geklammert, auf ihn sich gestützt haben, den Träger ihrer Hoffnungen. Noch ist er zu klein, aber in wenigen Jahren schon wird auch er eine Familie gründen, und sie wird ihn begleiten. Er wird ihren Mann ersetzen. Das ist die Zukunft dieser Frau, die einzige Zukunft. Was ihr sonst bliebe, wäre Einsamkeit, Darben, Trauer und Not. Sie tut für den jungen Mann alles und er für sie. Die beiden sind eine Einheit, trotzen dem Schicksal und sind mutig, fleißig und standhaft.

Und dennoch begibt sich unterderhand, kaum daß es jemand bemerkt, eine sonderbare Auszehrung in dem jungen Mann. Wann immer er wagt, den Freuden seiner Kameraden nachzugehen, fühlt er sich untreu gegenüber seiner Mutter. Wann immer er selber einen eigenen Gedanken zu hegen versucht, kommt er sich ungehorsam gegenüber den Erwartungen seiner Mutter vor. Und wofern er sich auch nur in der Phantasie außer Haus begibt, kommt er sich vor wie jemand, der seine Mutter verstößt. Mit anderen Worten: Dieser junge Mann wächst auf an der Seite einer Frau, die bei aller Fürsorge und allem Wohlwollen auch einen erstickend und erdrückend langen Schatten über ihren Sohn wirft. Er kommt um vor Schuldgefühlen bei jedem Versuch, ein eigenes Leben zu gründen. Dieser Sohn stirbt, kaum daß sein Leben beginnt.

Was hier anklingt, mögen Sie sich konkret hunderttausendfach vorstellen, nicht mehr in den Dörfern, vermutlich viel öfter in den Kleinfamilien der Großstädte: auseinandergerissene Ehen, Kinder, die an der Seite nur eines Elternteils aufwachsen. Den müssen sie auf ihrem noch viel zu schwachen Rücken tragen. Ihn müssen sie stützen, statt daß er selber eine Stütze wäre. Und die Folgen sind oft genug dramatisch, Kinder, kaum vierzehnjährig und drogenabhängig, Tausende, Verlorene, mit großen Augen ein Leben betrachtend, das ihnen nie gehören wird, überversorgt auf der einen Seite und überfordert auf der anderen, Hoffnungsträger, die zusammenbrechen unter der Last einer fremden Hoffnung. Und dann die anderen Leute. Natürlich ergreifen sie Partei für die Mutter, die trauernde Witwe. Ein Sohn darf seine Mutter nicht verlassen, es gibt ein viertes Gebot, man muß doch die Eltern ehren, schon gar in der Not. Sie alle erdrücken diesen Jungen. Es gibt keinen Schuldigen in dieser Geschichte, es gibt niemanden, der absichtlich etwas Böses täte, es gibt lauter Menschen, die es ganz gut meinen und unter dem Übermaß der Verantwortung und der Liebe zusammenbrechen. Kein Mensch kann etwas dafür, und trotzdem wird einer dem anderen zum Tod. Der junge Mann stirbt, und wir sehen alle Leute von Nain in die Trauergemeinde dieser Witwe einrücken. Sie begleiten sie dorthin, wo alle menschlichen Hoffnungen enden, zum Grab. Es *wäre* das Ende, kein Mensch wüßte es besser, im Umkreis der moralischen Weisungen der normalen Vernunft wäre kein Ausweg, käme nicht von der anderen Seite ein anderer Zug, eine andere Botschaft in dieses Leben. Sie ist scheinbar paradox und konträr zu all den normalen menschlichen Empfindungen.

Erstens: Jesus läßt abrupt den Trauerzug anhalten. Man mag das noch verstehen, denn so geht es wirklich nicht weiter. Über den Tod hinaus geht es nicht, und offensichtlich versucht Jesus hier grade noch einzuhalten, was sonst endgültig tragisch verlaufen würde. Aber noch mehr: Er geht auf diese Witwe zu und redet sie an: »Weine nicht!« Man könnte denken, das sei schön gesagt. Vielleicht verschleift Lukas es schon selber, indem er das Motiv zu dieser Anrede als Mitleid umschreibt. Mir aber scheint, daß es nicht sanft, sondern in gewisser Weise fast hart gesprochen ist. Man muß es vielleicht einmal so übersetzen: »Gute Frau, ich verstehe deine Traurigkeit; ich sehe, wie sehr du leidest; du hast nichts mehr in Händen – das ist dein Gefühl, und trotzdem mußt du etwas lernen: Mit deiner Traurigkeit erdrückst du seit Jahren dein Kind. Wenn du nicht aufhörst, zu weinen um den Verlust deines Mannes, alles erwartend von deinem Sohn, erstickst du ihn und läßt ihn nicht leben. Du mußt merken, was du in deinen Depressionen anrichtest. Hör auf damit! Du darfst deinen Sohn nicht als dein Eigentum verlangen. Er kann nur für dich dasein, wenn er selber zu leben beginnt. Du wirst ihn nur behalten, wenn du ihn losläßt. Beginne, selber zu leben! Schau nicht nach rückwärts in die Vergangenheit, sondern richte dich auf in deinem eigenen Leben und versuche, daraus etwas zu machen! Hör auf, dich abhängig zu halten, denn das erwürgt die Menschen, auf die du dich stützt.« All das kann heißen: »Weine nicht!« Sie werden verstehen, daß es in diesem Wort um einen langen Prozeß der Begleitung geht, der Jahre in Anspruch nehmen kann. Um ein Kind aufzurichten, muß man sehr oft mit seiner Mutter oder seinem Vater reden, mit Eltern, die ihm heilig sind und ihm das Fenster zu Gott und zu sich selber verstellen mit ihrer Not.

Das alles ist noch sanft und mitleidig. Aber fast scharf wie ein Peitschenknall ertönt es jetzt, wenn Jesus an die Bahre dieses Mannes tritt und ihm befiehlt: »Steh auf!« Es ist ein wirklich göttliches Wort, gesprochen wie ein Daseinsbefehl, nicht länger mehr liegen zu bleiben, erdrückt von der Last, was alles sein muß, sondern sich auf eigene Beine zu stellen und in ein eigenes Leben zu begeben. Man muß da zwischen den Zeilen lesen, was denn passiert, wenn ein Junge in solcher Lage versucht, sich von seiner Mutter zu lösen und zu sich selber zu finden. Da sagt ihm das vierte Gebot, daß er sich versündigt, und er wird es selber so fühlen. Er wird für jeden eigenen Wunsch grausame Schuldgefühle bekommen, er wird für jedes Nein, mit dem er sich der Mutter verweigert, innerlich die schlimmste Empfindung, in zwei Teile zerrissen zu werden, spüren und erleiden. Er wird bei jedem Schritt, den er zu sich selber tut, hinter sich die Klagerufe seiner Mutter vernehmen, die ihn verfolgt wie ein Gespenst in den Träumen und Nächten, und jeder Schritt in die Freiheit wird begleitet sein von dem Gedanken: »Du darfst eigentlich nicht, du bist egoistisch, du bist pflichtvergessen, du tötest den Menschen, der dir das Leben geschenkt hat, du bist schlimmer als dein Vater, der deine Mutter verließ, denn du tust es freiwillig und grausam, du hast kein Recht zu leben, wenn du nicht lebst für deine Mutter.« So die normalen, die moralischen Gedanken der Trauergemeinde von Nain.

Es ist eine unerhörte Forderung, die Jesus erhebt: »Ich befehle dir, Jüngling, steh auf und leb selber!« Wir sind als Bibelleser rasch dabei, indem wir flugs die Zeilen überspringen: Und gibt den Sohn seiner Mutter zurück. Wunderbar ordnet sich die Welt, wirklich göttlich und im Handumdrehen. Aber wer hält im wirklichen Leben die Spannungen aus, wenn ein Jüngling aufsteht, weg von seiner Mutter, notfalls gegen seine Mutter? Und denken wir uns, der junge Mann spielt mit dem Gedanken, Nain fluchtartig zu verlassen und überzusiedeln in irgendein anderes Dorf der Ebene Jesrael, sagen wir nach Kanaan oder noch weiter weg, vielleicht ins Heidengebiet von Tyrus und Sidon, überhaupt ganz weg aus der Welt seiner Mutter, sie wird ihn nie mehr wiedersehen...

»Gab ihn zurück seiner Mutter.« Dazwischen müssen Worte und Erkenntnisse liegen etwa in der Art: »Junger Mann, solange du deine Mutter fürchtest und vor ihr fliehst, bekommst du keine Ruhe, denn sie geht innerlich mit dir, sie bleibt ein dunkler Schatten an deiner Seite, und du wirst letztlich auf der Flucht sein vor dir selber. Wenn du stark genug bist, ein eigenes Leben aufzubauen, kannst du deiner Mutter in die Augen schauen, und sie ist kein Vampir, sie ist ganz einfach eine arme, alte Frau, die nichts dafürkonnte, wie ihr Leben wurde. Du kommst nicht dabei um, wenn du versuchst, ihr zu helfen, sie frißt dich nicht auf, wenn du für sie dabist.« Aber das alles gilt erst, wenn dieser junge Mann auf eigenen Beinen steht und wenn er selber lebt.

Nun werden Sie sagen: Was hat denn das alles mit Gott zu tun, und wieso braucht man dazu ein Wunder, das Gott wirkt? Ich sage: Das wirkliche Wunder begibt sich, wenn Menschen sich aufrichten und ahnen, was sie sind unter den Sternen. Die Freiheit schenken uns nicht Menschen. Sie gewinnen wir im Gegenüber Gottes. Und nur mit dem Blick auf ihn wagen wir Dinge zu tun, die die Menschen verstellen, grad weil sie's gut meinen. Die Religion ist nicht amoralisch, aber sie löst Konflikte, die die Moral nicht beseitigt, ganz im Gegenteil sogar bis zum Tödlichen verschärft. Sie ist einzig wahr: Wir selber dürfen leben. Es ist eine Erfahrung, die absolut gilt, und wir können erst dasein für Menschen, wenn wir selber das Recht gewinnen, Menschen zu sein. Dieses Wunder lebte in Jesus Christus, deshalb kam er vom Himmel in diese Welt und trug in seinem Munde den Atemwind Gottes und in seinen Händen eine Güte, die heilt.

Die Hochzeit zu Kana

Und am dritten Tag fand zu Kana in Galiläa eine Hochzeit statt. Und die Mutter Jesu war dort. Aber auch Jesus und seine Jünger waren zur Hochzeit geladen. Und da es an Wein mangelte, sagt die Mutter Jesu zu ihm: Keinen Wein haben sie. Und Jesus sagt zu ihr: Was willst du von mir, Frau! Meine Stunde ist noch nicht gekommen. Sagt seine Mutter zu den Dienern: Was er euch sagt, das tut. Es waren aber dort wegen des Reinigungsbrauchs der Juden sechs steinerne Wasserkrüge aufgestellt; sie faßten je zwei bis drei Maß. Sagt Jesus zu ihnen: Füllt die Krüge mit Wasser. Und sie füllten sie bis oben. Und er sagt zu ihnen: Schöpft jetzt und bringt dem Oberschenk. Sie brachten ihm also. Wie aber der Oberschenk das zu Wein gewordene Wasser gekostet hatte und nicht wußte, woher es war – die Diener jedoch, die das Wasser geschöpft hatten, wußten es –, da ruft der Oberschenk den Bräutigam und sagt zu ihm: Jedermann setzt zuerst den guten Wein vor, und wenn sie berauscht sind, den geringeren – du hast den guten Wein bis jetzt aufbewahrt. Dies wirkte Jesus – als Anfang der Zeichen – zu Kana in Galiläa. Und aufschien seine Herrlichkeit. Und seine Jünger glaubten an ihn. JOH 2,1–11

Wie kann es geschehen, daß Göttliches aufscheint im menschlichen Leben?

Das Johannesevangelium hat sich nicht gescheut, eine Erzählung von dem griechischen Weingott Dionysos zu übernehmen und zum Anfang, zum Wesensausdruck all dessen zu erklären, was über Jesus von Nazaret zu sagen ist. Ursprünglich war die Erzählung von der Hochzeit eine launige Weintrinkergeschichte. Daß Leute heiraten, galt als der Inbegriff der Seligkeit, und daß sie sich an Wein bis zur Ekstase und zum Rausch vergnügen können, als ein fast mystisches Erlebnis. Und selbst der frivole Witz wird nicht vermieden, wie der Küfer und Oberschenk dem Bräutigam die Getränkefolge verspätet beizubringen sucht. Dieses Wasser, das zu Wein wurde, ist besser als alles, was man vorher präsentiert hat.

Was macht das Christentum aus solchen Erzählungen, und, tiefer noch, was vermag es aus solchen Erfahrungen zu machen? Unterscheidet man die Begriffe sorgfältig, so ist im Gegensatz zur Veränderung das Wesen aller Religion in der Erfahrung der Verwandlung gelegen. Je äußerlicher Menschen denken und fühlen oder, was dasselbe ist, je weniger religiös sie denken und fühlen, desto mehr wird ihr Verlangen wachsen, daß sich die Dinge ringsum ändern müßten. Sie sind geneigt, all ihr Unglück, all ihr Leid, all ihre Not den Umständen und den äußeren Verhältnissen zur Last zu legen; gegen sie möchten sie selber vorgehen, oder da sie meistens dazu ohnmächtig sind, möchten sie, daß »man« dagegen vorgeht. Es braucht ein gerüttelt Maß an Weisheit, um zu verstehen, wie eng bemessen der Umkreis dessen ist, was man wirklich an Wesentlichem ändern kann. Alle wirkliche Not und Last des menschlichen Lebens läßt sich irgendwann gar nicht abschütteln noch verändern, sondern nur von innen her verwandeln. Dieses Wunder ist der Kern aller Religion, der Inbegriff dessen, was Jesus ist und bedeutet, Mittelpunkt von allem, wovon wir leben.

Solang es Menschen gibt, werden sie unter der Last von Krankheit, Alter und Tod gelitten haben, und solang es eine menschliche Geschichte gibt, haben Menschen versucht, daran, so gut sie konnten, etwas zu ändern. Keine Generation vor uns hat es in dieser Richtung weiter gebracht als wir heute: Wir leben doppelt so lange wie noch die Menschen vor etwa 120 Jahren. Wir leben hygienischer, steriler, gesünder, wenn man so will, als jede Generation vor uns, und dennoch könnten grade wir Heutigen besser wissen als alle Menschheit vor uns, daß es gilt, Krankheit, Alter und Tod nicht zu fürchten, sondern das Leben mit so viel Sinn und Glück und Reichtum zu erfüllen, daß diese irdische Existenz zur Vorbereitung und zum Weg des Himmels wird, eines ewigen Glücks und ewigen Lebens. Der Tod muß nicht schlimm sein, wenn das Leben selber gefüllt ist mit Inhalt, Bedeutung und Wert. Dies soll es wohl im Evangelium von der Hochzeit zu Kana besagen, wenn Jesus sogar seiner Mutter gegenüber erklärt, er werde niemals etwas tun, was ihm von außen gesagt werde. Er könne nur das verrichten und wirken, wozu die Stunde reif sei. Und zwischen den Zeilen muß man ergänzen: Die rechte Stunde läßt sich nur erfühlen und erfahren im Umgang mit Gott, denn sie wird gegeben und verfügt einzig aus den Händen Gottes. Ihm allein gebührt der Menschen Gehorsam in der Tiefe ihres Wesens. Für das Johannesevangelium ist die entscheidende Stunde im Leben Jesu gekommen im Augenblick von Getsemani und Golgota, und es geht da um die Hochzeit des menschlichen Lebens in Gott, um die Verschmelzung der Finsternis mit dem Licht, des Todes mit der Auferstehung, des Leids mit der Verklärung, um die Verwandlung von Wasser in Wein.

Man braucht eine ungeheure Intensität des Lebens, um anfanghaft zu begreifen, wie von innen her sich alles wandeln kann. Kinder noch mögen diese Gabe besitzen. Sie verfügen über die Fähigkeit, sich Langeweile zu vertreiben, nicht indem man ihre Räume vollstellt mit Krimskrams, sondern indem sie ein scheinbar wertloses Stück Holz von innen her verdichten und beleben. Ein ungeformter Gegenstand wird für sie zu einem Hund, einer Eisenbahn, zu Mutter oder Vater, und sie gehen mit dem toten Stück Holz so um, daß von da aus Anweisungen ergehen, wie zu verfahren, wie zu spielen ist. Die Zeit steht still, der Raum wird anders, scheinbar Wertloses gewinnt an ungeheurer Bedeutung. Wer einem spielenden Kind ein Stück Holz aus der Hand nimmt, nimmt ihm kein Stück Holz, sondern in dem Augenblick womöglich das Zentrum seines Lebens. Man muß sein Spiel kennen, um zu wissen, was Dinge ihm bedeuten.

So ist es in unserem Leben überhaupt: Was die Dinge wert sind, sagen uns niemals die Dinge selber, ihre Bedeutung verleihen wir ihnen mit unserem Leben. Und unser ganzes Leben bedeutet so viel, wie wir Gott zutrauen, daß er mit uns vorhat. Immer können wir uns nach dem Modell des wertlosen Wassers betrachten, und schon sind wir Herumstehende oder Ausgegossene. Betrachten wir uns rein äußerlich, wird die Bilanz nie anders lauten als: nichtig, ohnmächtig, ausgeliefert. Es werden alle Argumente jeder Form von Materialismus diese Formel festschreiben: Aus Wasser und Lehm zusammengerührt sind wir

Menschen, Teil der Biologie, der Soziologie, der Psychologie, Produkt von Gesetzen. Auf vielen Ebenen der Forschung und des Wissens werden wir angeleitet, uns selber so zu sehen. Es gibt in diesem Weltbild keine Freiheit, keine Person, nichts, worauf sich eine ewige Würde gründen ließe; wertlos wie Wasser, nichtig wie Tropfen im Eimer ist unser Leben.

Es bedarf eines anderen Anrufes, es bedarf der Vernahme einer Beauftragung in unserem Leben, und alles sieht anders aus, schmeckt anders, ist anders. Dies ist das Wunder der Verwandlung, daß unser scheinbar so sinn- und wertloses Leben vor Gott und dann vor den Menschen, wenn wir uns dessen getrauen, etwas unendlich Kostbares, Freudebringendes, alles Leben ringsum Bereicherndes darstellt. Nur, wir müssen uns wagen.

Man kann es durchbuchstabieren in hunderterlei Einzelfällen. Jemand kann darüber klagen, wie er von Jugend auf in eine bestimmte Laufbahn gedrängt wurde, die er heute seinen Beruf nennt, ohne dazu je berufen worden zu sein. Mehr als die Hälfte seines bewußten Lebens am Tage scheint ihm wie Sklavendienst und Aufeinanderschichten von Sinnlosem, und er ist in der Tretmühle gefangen, ohne Aussicht, zu entkommen. Er wird womöglich viele Argumente haben, sich und den anderen klarzumachen, wie er doch das Opfer der Umstände ist. Und schon ist sein ganzes Leben ausgegossen wie Wasser im Krug. Wie aber, wenn er dieses selbe Leben in die eigene Entscheidung übernimmt und beschließt, dafür geradezustehen – nicht für das, was man aus ihm gemacht hat, sondern wenn er erklärt, aufrechten Ganges und erhobenen Hauptes, das, was er ist, sei kein Zufall, seine Person sei er selber, verantwortbar, vertretbar, zu betrachten mit einem eigenen Wert, geschaffen aus den Händen Gottes und gerufen in eine unendliche Freiheit? Dann mit einemmal gibt es die Ausreden und die Auswege, aber auch die ausweglosen Engpässe des Äußeren nicht mehr. Es kann derselbe Mann in demselben Beruf in denselben Schichtdienst gehen, er lebt anders von früh bis spät, je nachdem, ob sich's ihm erfüllt mit Sinn oder ob er nur weiter malocht, um sein Leben abzuschuften. Daran, wie ein Mensch sich betrachtet, verwandelt sich die Welt, und die ganze Kraft des Glaubens bewährt sich daran, alles noch einmal ganz anders zu sehen, bis hin zur Endbilanz des Todes.

Solang es Menschen gibt, haben sie begriffen, daß man nur begrenzt verändern kann, aber, um als Mensch zu leben, die ganze Welt ringsum in der Kraft einer Verwandlung betrachten muß. Und so hat denn die Religion alle möglichen Dinge der Welt als Symbole der Wandlung aufgerufen: Das Kommen und Gehen von Sonne und Mond bei Tag und bei Nacht, das Geheimnis des Feuers, dessen Funken aus dem Stein entspringt und das hervorgeht aus dem trockenen Zunder, das Kommen und Gehen des Windes über dem Meer gleich dem Atem Gottes, das Aufblühen, Welken und Wiedererstehen von Blumen, Laub und Frucht, und in allen Teilen der Welt bemühte die Religion sich, dem Menschen seinen Wert und seine Unsterblichkeit zu versichern. Und gegen alle Macht des Äußeren beschwor die Religion die Macht der Liebe, das ewige Thema des menschlichen Lebens, gesetzt im Zeichen der Verwandlung. Denn diese verdichtende Kraft hat am stärksten die Liebe. In der Kraft der Liebe verwandelt sich alles, was Äußeres ist, in die Schau des Wesens eines Menschen und der Dinge. Nichts ist mehr unbedeutend für einen Menschen, der liebt, nichts mehr ihm nebensächlich, nichts mehr wertlos. Jedes Wort, jedes Zeichen, jedes Ding verwandelt sich zu Symbol und Austausch und Sprache einer ewigen Beziehung unter den Menschen und der Menschen zu Gott. Dies ist das Wunder zu Kana: Gott zu gehören und den Menschen hilfreich, dienstbar, kostbar zu sein, betrachtet mit den ewigen Augen Gottes. Zum Glück, zur Freude, zur Bereicherung bis zum Rausch sind wir geboren. Die alte Religion des Dionysos hatte so unrecht nicht: Es gibt eine Auferstehung des zerstörten Lebens, es gibt eine Lust, die das Leid besiegt, es gibt Chiffren dessen, was im Wesen unzerstörbar ist und bleibt.

Nachweise

Die biblischen Texte in diesem Band sind wiedergegeben nach dem Neuen Testament in der Übersetzung von Fridolin Stier (erschienen bei Kösel und Patmos, 1989).

Die folgende Übersicht gibt den biblischen Bezugstext und das Datum der einzelnen Predigten an.

S. 9		8. 2. 1973
S. 11	Mt 8,1–4	29. 6. 1991
S. 17	Mt 8,5–13	22. 6. 1991
S. 25	Mt 9,1–8	10. 8. 1991
S. 31	Mt 9,32–34	7. 9. 1991
S. 39	Mt 14,13–21	5. 8. 1984
S. 44	Mt 14,13–21	2. 8. 1987
S. 48	Joh 6,1–15	28. 7. 1985
S. 52	Joh 6,1–15	24. 7. 1988
S. 58	Mt 14,22–33	11. 8. 1984
S. 63	Mt 14,22–33	9. 8. 1987
S. 66	Mt 15,21–28	18. 8. 1984
S. 72	Mt 15, 21–28	16. 8. 1987
S. 76	Mk 1,21–28	3. 2. 1985
S. 82	Mk 1,29–39	9. 2. 1985
S. 87	Mt 8,14–17	20. 7. 1991
S. 93	Mk 4,35–41	23. 6. 1985
S. 97	Mk 4,35–41	19. 6. 1988
S. 102	Mt 8,18–27	6. 7. 1991
S. 109	Mk 5,35–43	7. 7. 1985
S. 114	Mk 7,31–37	8. 9. 1985
S. 119	Mk 7,31–37	4. 9. 1988
S. 125	Mt 15,29–31	26. 8. 1990
S. 132	Mk 10,46–52	27. 10.1985
S. 136	Lk 5,1–11	6. 2. 1983
S. 141	Lk 5,1–11	5. 2. 1989
S. 146	Lk 7,11–17	5. 6. 1983
S. 152	Lk 7,11–17	8. 6. 1986
S. 156	Lk 7,11–17	11. 6. 1989
S. 162	Joh 2,1–11	19. 1. 1986

Eugen Drewermann bei Herder spektrum

Eugen Drewermann
Zeiten der Liebe
Band 5012
Die tiefen und poetischen Texte treffen den Kern existentieller Fragen. Sie lassen Wege erkennen, die zu einem Leben der Liebe führen.

Eugen Drewermann
Das Eigentliche ist unsichtbar
Der Kleine Prinz tiefenpsychologisch gedeutet
Band 4894
Ist es der ewige Traum verlorener Kindheit, der Saint-Exupérys Kleinen Prinzen so faszinierend macht? Mit dem Bestsellerautor Eugen Drewermann auf Reisen zu sich selbst.

Eugen Drewermann
Der gefahrvolle Weg der Erlösung
Die Tobitlegende tiefenpsychologisch gedeutet
Band 4165
Die Botschaft vom Urvertrauen und von der Überwindung der Angst. Ein zentraler Zugang zum Denken Drewermanns.

Eugen Drewermann
Die Spirale der Angst
Der Krieg und das Christentum
Mit vier Reden gegen den Krieg am Golf
Band 4003
Ein Buch für eine neue Qualität des Zusammenlebens in Politik, Gesellschaft und Religion.

Faszinierende Welt der Religion

Hans Gasper/Joachim Müller/Friederike Valentin
Lexikon der Sekten, Sondergruppen und Weltanschauungen
Fakten, Hintergründe, Klärungen
Vollständig neubearbeitete und aktualisierte Neuausgabe
Band 5528
Mit mehr als 300 Artikeln: das Informationswerk über die religiöse und weltanschauliche „Szene“ des gesamten deutschsprachigen Raums.

Kenneth S. Leong
Jesus – der Zenlehrer
Das Herz seiner Lehre
Band 5503
„Leong macht auf spannende Weise klar: Die spirituelle Seite des Zen, die Kunst des Lebens in der Haltung der Gelassenheit und des Vertrauens, trifft sich mit dem Kern der Evangelien.“ (Prof. Dr. Ludwig Wenzler)

Aufrichtige Erzählungen eines russischen Pilgers
Herausgegeben und eingeleitet von Emmanuel Jungclaussen
Band 4947
Eine Kostbarkeit aus dem Schatz der Weltliteratur. Der Klassiker russisch-orthodoxer Spiritualität in der vollständigen Ausgabe.

Dalai Lama
Einführung in den Buddhismus
Die Harvard-Vorlesungen
Band 4946
Die unauslotbare Tiefe der buddhistischen Weisheitstradition – von einer der großen geistigen Gestalten der Gegenwart auf einzigartige Weise erschlossen.

Dalai Lama
Vision des Herzens
Wieso ich optimistisch in die Zukunft sehe
Band 4727
Der Dalai Lama ist überzeugt: Der Pfad zum Glück steht uns allen offen, als einzelnem und als Gemeinschaft.

HERDER spektrum

Dalai Lama
Sehnsucht nach dem Wesentlichen
Die Gespräche in Bodhgaya
Band 4229
Menschen aus allen Kulturkreisen haben den Friedensnobelpreisträger aufgesucht und neue Impulse für ihr spirituelles Leben gewonnen.

Daisetz Teitaro Suzuki
Wesen und Sinn des Buddhismus
Ur-Erfahrung und Ur-Wissen
Band 4920
Die Quintessenz des Buddhismus: Grundideen des Zen, seine Spiritualität und Philosophie in überzeugend klarer Darstellung.

Thich Nhat Hanh
Schlüssel zum Zen
Der Weg zu einem achtsamen Leben
Mit einer Einführung von Philip Kapleau
Band 4915
Ein Meister erschließt die alte Tradition von Bewußtheit und Achtsamkeit, um sie im Alltag zu verwirklichen.

Thich Nhat Hanh
Schritte der Achtsamkeit
Eine Reise an den Ursprung des Buddhismus
Hrsg. v. Thomas Lüchinger
Band 4890
Das Ziel der eigenen Lebensreise: Schritt für Schritt, Atemzug für Atemzug die Kunst des Bei-sich-selber-Ankommens. Das Buch zum Film. Mit eindrucksvollen s/w-Fotos.

Thich Nhat Hanh
Lächle deinem eigenen Herzen zu
Wege zu einem achtsamen Leben
Hrsg. von J. Bossert/A. Meutes-Wilsing
Band 4883
Die einfache, tiefe Botschaft an Menschen, die in der Hektik des Alltags beim Gehen schon ans Rennen denken.

HERDER spektrum

Johannes vom Kreuz
Aufstieg auf den Berg Karmel
Vollst. Neuübersetzung
Band 4802

Wie gelangen wir zu echter innerer Freiheit? Wie werden wir sensibler für das Wesentliche? Mystik als Weg – neu verständlich gemacht.

Johannes vom Kreuz
Der Geistliche Gesang
Vollständige Neuübertragung
Band 4554

Band drei der ersten vollständigen Neuübersetzung der ursprünglichen, lyrischen Versionen des Geistlichen Gesangs.

Die Reden des Buddha
Lehre, Verse, Erzählungen
Mit einer Einführung von Heinz Bechert
Band 4797

Buddhas Reden und Gleichnisse, gedankenklar und poetisch, offenbaren Weisheitswissen von großer Aktualität.

Adel Theodor Khoury/Ludwig Hagemann/Peter Heine
Islam-Lexikon A-Z
Geschichte – Ideen – Gestalten
3 Bände in Kassette
Überarbeitete Neuausgabe
Band 4753

Dieses Lexikon erschließt die komplexe Welt des Islams.
In über 450 Artikeln behandelt es die theologische Lehre, die gesetzlichen Bestimmungen, die kulturellen Ausprägungen, die verschiedenen Bewegungen und die weltpolitischen Zielsetzungen.

Sangharakshita
Einführung in den tibetischen Buddhismus
Aus dem Englischen von Hans Obermann
Band 4731

Einblicke in eine faszinierende Welt und Kultur, geprägt von einer reichen spirituellen Tradition. Alles, was man über den tibetischen Buddhismus und seine praktischen Lehren wissen muß.

HERDER spektrum

Daisetz T. Suzuki
Zen und die Kunst zu siegen, ohne zu kämpfen
Der Schwertweg
Band 4688

Das Schwert als Grenzerfahrung und Gegenstand der Inspiration. Ein Schlüssel auch für das tiefere Verständnis des heutigen Japans.

Die Stifter der großen Weltreligionen
Herausgegeben von Emma Brunner-Traut
Echnaton, Zarathustra, Mose, Jesus, Mani, Muhammad, Buddha, Konfuzius, Lao-tze
Band 4669

Ausgewiesene Kenner spüren in diesem Buch neun Stifterpersönlichkeiten nach. Solide Informationen in einem neu bearbeiteten Standardwerk.

Jakob J. Petuchowski/Clemens Thoma
Lexikon der jüdisch-christlichen Begegnung
Hintergründe – Klärungen – Perspektiven
Band 4581

Erstmals in der Geschichte der beiden Religionen ein umfassend informierendes Gemeinschaftswerk zu zentralen Sachverhalten.

Daisetz T. Suzuki
Der Buddha der Liebe
Herzensgüte im Zen-Buddhismus und christlicher Glaube
Mit einer Einführung von Michael Brück
Band 4576

Der Interpret zeigt, wie nahe der buddhistische Begriff allumfassender Liebe und universalen Mitleidens dem christlichen Glauben steht.

Mutter Teresa
Zeiten der Barmherzigkeit
Hrsg. von L. Höhren-Seeber
Band 4373

„Lasse nie zu, daß du jemandem begegnest, der nach der Begegnung mit dir nicht glücklicher ist" (Mutter Teresa).